AF384159

ÉTAT CIVIL

FAMILLE PICOU

RECHERCHES GÉNÉALOGIQUES

ET

SOUVENIRS DE FAMILLE

RECUEILLIS PAR

HENRI JOURDAIN

Quand vous avez créé cette œuvre, ô nos vieux maîtres,
Sans craindre et sans chercher le bruit,
La vieille France, hélas! et l'honneur des ancêtres
Étaient condamnés à la nuit.

Léon Gautier,
Professeur à l'École des Chartes.

PARIS

IMPRIMERIE BREVETÉE MICHELS & FILS

—

1894

TABLE DES MATIÈRES

ERRATA. — A la page 9, 1re col., 50e ligne : au lieu de « descente », lisez *descendante*.

AVANT-PROPOS

La généalogie de la famille Sainte-Beuve, *qui a été terminée en 1890, a été faite pour perpétuer le souvenir de la conduite désintéressée du grand-père* Pierre Sainte-Beuve *à Chauvry, en 1812 (1).*

Ce travail terminé, toute la famille fut réunie dans un grand banquet et, à la fin du repas, des exemplaires furent remis à chacun des membres présents.

M. Jules Sainte-Beuve, *ancien cultivateur à Louvres, conseiller général de Seine-et-Oise, prit alors la parole et, s'adressant à son cousin,* Victor Picou, *qui avait été le promoteur de l'hommage que la famille rendait à son aïeul, dans une improvisation sympathique et familiale, le remercia au nom de tous d'avoir fait connaître un acte de générosité qui, sans lui, serait resté dans l'oubli.*

Quelques-uns des parents qui assistaient à ce banquet, sachant que j'avais quelque peu collaboré au travail des recherches, m'engagèrent vivement à en entreprendre de semblables pour la famille Picou, *pensant, me disaient-ils, que je rencontrerais peut-être des faits dignes d'être mentionnés.*

Ce travail est aujourd'hui terminé.

Une série de tableaux donne toutes les dates et marque les filiations.

Une Notice résume l'histoire de la famille en disant où elle a vécu, quelles ont été ses migrations et ses alliances, et relate les actes notables que j'ai été assez heureux de rencontrer dans l'existence de plusieurs de ses membres.

H. JOURDAIN

---

(1) Le fait est répété dans cet ouvrage à la page 21.

PRÉFACE

Avant de commencer des recherches pour établir une généalogie, l'auteur de ces lignes s'est posé ces deux questions :

Quel est le but que l'on veut atteindre en dressant une généalogie?

Quelle en est l'utilité?

Le but que l'on veut atteindre doit être de rechercher dans le passé, aussi loin que possible, quels ont été nos ancêtres et, autant que possible, quelles situations ils ont occupées dans la société à l'époque où ils vivaient, quelles professions ils ont exercées, quel sol ils ont foulé, quelles alliances ils ont contractées.

La trace de leur existence se trouve facilement dans les registres de catholicité pour les XVIIe et XVIIIe siècles et dans les registres de l'état civil pour le XIXe siècle.

L'on trouve aussi dans ces registres et dans ces actes, et surtout dans les chroniques locales et dans les papiers de famille, ainsi que dans les traditions orales et les récits des anciens, des mentions, des souvenirs qui nous font connaître leurs qualités et l'estime dont leurs contemporains les entouraient, et nous font voir par là, en soulevant un coin du voile qui est retombé sur le passé, quelle est la nature du sang qu'ils ont transmis dans les veines de leurs enfants, quels exemples ils leur ont donnés et quelles sont les qualités qui ont pu germer dans leurs cœurs.

Pour beaucoup de ces aïeux nous ne trouvons que des dates (naissance, mariage, décès); mais il est de notre devoir de signaler ceux que nous rencontrons qui, par leurs actes, sont sortis hors de pair, et d'honorer leur mémoire, non pas par un hommage public, mais simplement en famille, en transmettant à nos arrière-neveux les traditions qu'ils nous ont laissées.

Quant à l'utilité, on la trouve dans le résultat qui doit être de servir à resserrer et à maintenir les liens de parenté entre les membres existants d'une même famille, liens qui tendent à s'écarter à mesure que la famille augmente et s'éloigne de l'auteur commun. Il y a aussi utilité à donner aux parents éloignés, la connaissance de la source de leur famille et des degrés de parenté qui les unissent avec leurs parents contemporains.

Nos ancêtres qui vivaient d'une vie plus resserrée, qui habitaient presque tous la même contrée, se perdaient peu de vue; ils connaissaient leur origine puisqu'ils passaient leur vie, presque tous, aux alentours de leur berceau, et souvent par des alliances nouvelles ils rattachaient à la famille les rameaux qui s'en écartaient. Jusqu'à la fin du Moyen-Age il n'y avait que les grandes migrations, les guerres ou les invasions pour dépayser, soit des familles entières, soit seulement quelques-uns de leurs membres.

A notre époque, non seulement une famille en grandissant éloigne de plus en plus ses membres de la souche et en diminue les rapports; mais la dispersion est encore favorisée par la grande facilité des moyens de communication et de déplacement ainsi que par la diversité des professions modernes; l'esprit de famille se relâche, les relations se ralentissent, puis finissent par s'éteindre totalement.

M. du Cleuziou, dans la *France pittoresque*, dit, quelque part, en parlant des Bretons :

« La vraie, la seule base de la religion des Armoricains est dans cet amour inouï des ancêtres. »

M. Renan, dans ses *Souvenirs d'enfance et de jeunesse*, prétend « que le respect des aïeux est la grande loi des vrais hommes de progrès ».

C'est de ces nobles paroles que nous nous sommes inspiré pour nous guider dans notre modeste travail; nous espérons qu'il contribuera à retarder le plus longtemps possible l'éloignement entre les membres de notre famille, et que nos arrière-neveux pourront, à leur tour, en connaître l'origine; ils pourront aussi connaître les exemples donnés par la vie publique ou privée de nos aïeux et être fiers d'être leurs descendants, tout comme un chevalier d'autrefois était fier d'avoir eu un aïeul aux Croisades.

H. J...

LA FAMILLE PICOU

I

SAINT-SOUPPLETS

Si, en quittant la station du Plessis-Belleville, sur la ligne du Chemin de fer de Paris à Soissons, on tourne à gauche, on se trouve sur la route qui va de Senlis à Meaux; cette route passe entre les deux territoires du Plessis-Belleville et de Lagny-le-Sec, elle est droite et bien plantée, elle monte un peu pour arriver au plateau qui sépare Saint-Pathus de Marchémoret, redescend ensuite pour atteindre Saint-Soupplets, précisément à l'endroit où une autre route venant de Dammartin se joint à elle; Saint-Soupplets est à gauche, dans un fond légèrement vallonné, et la route de Dammartin aboutit à droite. Ces deux routes se réunissent et n'en forment plus qu'une seule qui se dirige vers Meaux, en passant par Monthyon et Penchard (route nationale n° 5). Disons, en passant, que ces deux routes sont très anciennes; elles figurent sur la carte de Jailliot. L'une d'elles, celle qui vient de Senlis, est une ancienne voie romaine.

Mais c'est à Saint-Soupplets que nous nous arrêterons, c'est à ce village que nous allons consacrer notre premier chapitre.

C'est là que nous avons trouvé le plus ancien ancêtre de la famille Picou, que nous puissions inscrire avec certitude **Jehan Picou** est né vers 1588, d'une famille qui était déjà nombreuse à Saint-Soupplets et dans les pays environnants.

A cette époque, vivaient aussi : Vincent Picou, qui fut parrain d'un enfant de Jehan Picou et d'Hélène Mignan, sa femme, et qui mourut le 22 février 1624, âgé de 27 ans; Jehanne Picou, épouse de Jehan le Gouverneur, et Marie Picou, femme de Jehan Tavernier, qui donnent le jour à des enfants en 1625 et 1628. Sur une liste dressée en 1630, par le curé et intitulée : *Mémoire des Obitz, fondés sur les maisons et héritages*, on lit : « Obit de Denis, Picou, V. S. (cinq sols) ».

Lorsqu'on ouvre la *Géographie du département de Seine-et-Marne*, par Ad. Joanne, on peut lire :

« *Saint-Soupplets*, 802 h., c. de Dammartin. »

M. Charles Oudiette, dans son *Dictionnaire des environs de Paris*, édition 1812, est un peu moins laconique que M. Joanne, et nous dit :

Saint-Soupplets, village du département de Seine-et-Marne, arrondissement de Meaux, canton de Dammartin, ci-devant province de l'Ile-de-France et diocèse de Meaux. Une maison de campagne, dite de Maulny, qui était un fief, et une ferme nommée Verrière, sont dans ses dépendances.

Ce village est proche de la route de communication de Meaux à Dammartin.

Mais M. **Amblard,** le sympathique instituteur de Saint-Soupplets, secrétaire actuel de la mairie, qui s'est livré à des recherches locales sur le pays où il donne l'instruction à la jeunesse, a bien voulu nous communiquer une monographie très claire et très détaillée qui va nous faire connaître admirablement l'histoire du village qui a vu naître nos aïeux :

Saint-Soupplets, canton de Dammartin, arrondissement de Meaux, département de Seine-et-Marne, de Saint-Sulpice (*Sanctus Sulpicius*), patron de la paroisse, s'écrivait anciennement : Saint-Suplex, Saint-Suplest, Saint-Souplex, Saint-Souplest, Saint-Souplets; faisait partie du diocèse de Meaux et était régi par la coutume de Paris.

Aucune industrie que celle du fromage de Brie n'est exercée dans cette commune; sa culture fait sa richesse, cinq grosses fermes portent les noms d'anciens fiefs : La Malmaison, La Chevée, Le Château, La Pinonne et l'Étrille. Cette dernière comprend 50 hect. 25 de terre appartenant à l'hospice de Meaux.

Nous n'avons rien pu trouver qui indiquât l'époque de la fondation du village de Saint-Soupplets; il est certainement comme bien d'autres le produit d'une agglomération autour du domaine d'un seigneur. « Toutefois nous savons qu'en 1107, dit l'auteur « d'une *Histoire du département de Seine-et-Marne*, Manassès, « évêque de Meaux, afin de mettre en pratique, comme il le dit « dans sa charte, cette maxime de l'Évangile : *Quidquid habet* « *homo commutabit pro anima sua*, donna cette paroisse au cha- « pitre de la cathédrale pour que l'on fît son anniversaire et que « ce jour-là même il y ait un repas pour les chanoines. » Manassès II, son neveu et son successeur, ratifia la donation de son oncle par une charte en 1185.

Il y a, a proximité de Marchémoret, une fontaine Saint-Leu, fontaine sacrée qui préservait des convulsions, guérissait de la peur, etc. Il n'est plus question de guérisons aujourd'hui, mais un pèlerinage a toujours lieu le 1er septembre à la chapelle Saint-Leu, située à l'extrémité du village (auprès de la route de Meaux). Cette chapelle existait déjà au commencement du XIIIe siècle; il en est fait mention dans une charte de l'année 1247. Il paraît, dit l'historien de l'église de Meaux, qu'elle avait été fondée peu de temps avant par Guillaume, seigneur de Compans, et cela est fort probable, car nous trouvons en 1198 les frères Drocon, Robert, Odon et Simon de Compans, seigneurs de Saint-Soupplets, parmi les bienfaiteurs de l'hospice de Meaux, comme nous allons les voir, tout au moins le dernier, donateur à l'abbaye de Chambre-Fontaine (commune de Cuisy).

La commune de Saint-Soupplets ne paraît pas avoir joué un grand rôle durant l'époque féodale. D'ailleurs elle n'a jamais eu de grands seigneurs; partant, sa tranquillité a dû s'en ressentir. Disons tout de suite qu'à cette époque les seigneurs de Saint-Soupplets mouvaient soit directement, soit indirectement, du châtel d'Oissery, lequel appartint longtemps à cette famille des Barres dont le plus illustre, Guillaume, sauva la vie de son suzerain, le roi Philippe-Auguste, à Bouvines.

Voici les seigneurs et les principaux fiefs dont il est fait mention, avec l'étendue de leur domaine et les prérogatives attachées à leur seigneurie :

Le premier dont il est fait mention est Mery Bureau, seigneur de Saint-Soupplets. Il était de la famille du célèbre Gaspard Bureau, chevalier, seigneur de Villemomble, qui fut créé grand-maître de l'artillerie par lettre du roi Charles VII, données à Ruffec en avril 1442 (F. Labour, p. 80), dont le frère Jehan Bureau commandait l'artillerie au siège de Meaux (août 1439), sous les ordres de Arthus III de Bretagne, comte de Richemont, connétable de France.

Nous avons parlé de Simon de Compans, seigneur de Saint-Soupplets. En 1204, il fit don à l'abbaye de Chambre-Fontaine du tiers de la dîme de ce village. Dans la suite, les religieux de Chambre-Fontaine obtinrent de la libéralité des mêmes seigneurs la totalité des grosses dîmes et la moitié des moyennes.

On retrouve dans le procès-verbal de la rédaction de la coutume de Paris (1580), les noms de quelques seigneurs de Saint-Soupplets, savoir : « Geneviève Charlot, dame en partie du fief de Saint-Soup-
« plets, près Dammartin-en-Goële ; Jeanne Charmot, veuve de mes-
« sire Valton, conseiller du Roi, auditeur des causes du Châtelet de
« Paris, dame en partie des seigneuries de Saint-Soupplets et de
« Forfery ; — messire Jean Hecquet, docteur régent de la Faculté
« de Médecine, seigneur de Saint-Soupplets et de Forfery, du fief
« de Brezoy, sis à Vinantes ».

Une charte du 8 février 1623 rapporte les noms de messire Pierre Bigot, écuyer, seigneur de Saint-Soupplets et de Forfery en partie, et de messire Jacques Parfait, secrétaire ordinaire de la Chambre du Roi, aussi seigneur en partie de Saint-Soupplets.

Le comté de Dammartin, seigneur suzerain de Saint-Soupplets, y exerçait sa haute justice et y entretenait un prévôt, un tabellion, un greffier de perception ; ce dernier office était affermé, en 1626, moyennant un loyer annuel de 24 livres.

Parmi les fiefs dépendant de Saint-Soupplets, nous retrouvons :

Le fief de Maulny, qui consistait en maison, cour, bâtiments et jardins, avec 43 arpents de terre labourable et prés, le tout loué 2,500 livres en 1715. Marie-Anne de Lorris, ou de Lorry, était alors dame de Maulny ; elle était veuve de messire Antoine Picard, seigneur de Maulny.

Le fief de La Chevée, consistant en une ferme, maison, granges, étables, colombier, jardin et 14 arpents de terre labourable affermés ensemble moyennant 170 livres tournois de loyer annuel, en 1660, par messire Blondeau, avocat au Parlement, seigneur du dit fief.

Le fief de la Malmaison, qui consistait en un corps de logis, cour, grange et jardin, avec 100 à 120 arpents de terre labourable. « Les censitaires étaient au nombre de quarante-deux.
« Parmi eux, nous trouvons M. Pinon, conseiller en la Cour du
« Parlement. Les seigneurs de la Malmaison avaient seulement
« droit de moyenne et basse justice ; ils possédaient également la
« justice censuelle, c'est-à-dire le droit de prendre et percevoir
« l'amende pour faute de cens non payé. » (Fernand Labour.)

En 1579, ce fief appartenait à messire Pierre de Foissy, écuyer, baron de Drancy par sa femme, « fille de Mlle d'Iverny » ; il appartint, dans la suite, à messire Chrétien de Lamoignon, marquis de Basville et baron de Boissy, président à mortier, fils du premier président de Lamoignon, marié, en 1674, à Jeanne Voisin, fille de Daniel Voisin, prévôt des marchands de Paris, seigneur du Plessis-au-Bois, de la Malmaison, des Essarts, de Cuisy, etc.

En 1690, le fief de la Malmaison était possédé par messire Daniel Voisin, conseiller d'État, seigneur du Plessis-au-Bois, Yverny, la Baste et Cuisy ; il est cité dans un acte du 6 mai concernant la fermière de la Malmaison. En 1714, par dame Geneviève Titon, veuve de messire Le Féron, conseiller du Roi, maître ordinaire en la Chambre des Comptes et des Eaux et Forêts de l'Ile-de-France, dit une charte du 14 juillet « dame du Plessis-au-Bois, la Baste,
« Yverny, Cuisy et en partie de Plessis-l'Évêque, à cause de son
« fief de la Malmaison, à Saint-Soupplets ». (Archives locales.)

En 1746, un nommé Marquis du Coudray est propriétaire du domaine de la Malmaison. (Archives locales.)

Enfin le château de Saint-Soupplets, consistant en un vaste corps de logis avec dépendances et 108 arpents de terre et de bois taillis (aujourd'hui ferme derrière l'église).

Le 2 octobre 1662, messire Jacques Blanquest, seigneur des Billières et de Saint-Soupplets, louait la ferme « vulgairement
« appelée le Chasteau », avec ses dépendances, à l'exception du corps de logis du jardin et de l'une des granges de la dite ferme. Le sieur Blanquest devait avoir moitié de tous les grains que le locataire devait conduire dans la grange du château. Le preneur lui devait également la moitié des fourrages et des bois, ainsi que tous les charriages demandés par le seigneur, et deux douzaines de chapons gras. (Archives locales.)

Un acte du 28 juin 1687 fait mention de messire Nicolas Guillaume, seigneur du château sis à Saint-Soupplets.

Outre ces seigneurs laïques, l'église de Saint-Soupplets, la chapelle Saint-Leu et l'abbaye de Chambre-Fontaine avaient leurs biens particuliers.

L'église de Saint-Soupplets, qui (soit dit en passant) est un monument à trois nefs du xvi⁰ siècle, n'offrant rien de remarquable au point de vue architectonique, possédait 78 arpents de terre qui, en 1681, étaient loués à raison de 8 livres 5 sols tournois l'arpent, et en 1710 à raison de 9 livres de loyer annuel par arpent.

La chapelle Saint-Leu avait aussi ses biens propres, « car le
« 30 avril 1659, le chapelain messire Claude de la Garde donne à
« bail 17 arpents de terre appartenant à la chapelle Saint-Leu ».

Les religieux de Chambre-Fontaine possédaient à Saint-Soupplets les grosses dîmes et la moitié des moyennes, l'autre moitié appartenait à la cure. Le fief Carneaux qui comprenait 50 arpents de terre, le pressoir banal, etc., était loué en 1668 par messire François Molé, conseiller du Roy, maître des requêtes, abbé de Sainte-Croix de Bordeaux et de Notre-Dame de Chambre-Fontaine « moyennant six muids de blé mesure du chapitre de Meaux, à
« payer à l'acquit dudit abbé aux chanoines de Saint-Etienne de
« Meaux ; cinq muids de grains au curé de Saint-Soupplets, neuf
« cent trente livres tournois de loyer annuel et un millier de
« gerbes ».

Les mêmes religieux possédaient encore sur le territoire de Saint-Soupplets deux moulins à vent, dont l'un appelé moulin de la Tour ; ce dernier était loué en 1665 avec dix quartiers de terre, moyennant un loyer annuel de 240 livres. Le preneur avait droit de moudre le blé des villages de Saint-Soupplets, Plessis-l'Évêque et Cuisy ; mais il était « tenu de bien fidèlement servir le public
« et faire en sorte qu'il n'y ait aucune plainte ». L'autre moulin, dit de Saint-Soupplets, était loué 285 livres, conformément aux titres concédés par messire Philippe de Boulainvillier, comte de Dammartin en 1551, et ceux plus anciens prédécesseurs de ce comte : « Les manans et habitants de Saint-Soupplets ne pouvaient
« porter moudre leurs grains ailleurs sous peine de confiscation
« desdits grains ».

Cette monographie nous apprend ce qu'étaient les conditions de la vie locale, foncière si l'on peut dire ainsi, autrefois à Saint-Soupplets. Peut-être eût elle été tranquille et heureuse si nos pères n'avaient eu qu'à s'entendre avec leurs seigneurs et maîtres et leur rendre compte des charges qui pesaient sur eux ; mais malheureusement nous sommes obligés de nous rappeler que les derniers temps du Moyen-Age et les commencements de la Renaissance ont été constamment agités par la guerre civile ou les invasions de toutes sortes, et qu'en 1588 (date qui nous intéresse), la Ligue et les guerres religieuses n'étaient pas encore apaisées.

Pour compléter l'idée que l'on peut se faire aujourd'hui de ce que pouvait être le sort de nos aïeux, il faudrait remonter dans l'histoire, un siècle ou deux en arrière, et choisir comme point de départ l'époque où les paysans ont été le plus malheureux ; de là nous les verrions peu à peu secouer le joug et se raidir contre la misère, s'affranchir de certaines charges ou les transformer, et petit à petit, à force de travail, de persévérance et d'économie, devenir propriétaires des terres qu'ils cultivaient.

Situé comme nous le disions au commencement de ce chapitre, à la bifurcation de la route de Meaux à Dammartin et à Senlis, Saint-Soupplets a eu le triste privilège de se trouver sur le passage de tous les corps de troupes, malandrins, routiers ou paysans ameutés se rendant de Senlis à Meaux, ou allant de Meaux à Dammartin. Dans ces temps-là, passer dans un pays c'était le dévaster.

Mais nous ne voulons pas rappeler ici l'histoire de France qui est dans toutes les mémoires, nous étendre sur des faits généraux serait sortir du cadre que nous nous sommes tracé ; l'histoire des guerres et des invasions a été traitée par les chroniqueurs et les historiens mieux que nous ne saurions le faire, et ne nous apprendrait rien de spécial à la famille dont nous voulons nous occuper.

II

LES ANCÊTRES

Il serait téméraire ou plutôt prétentieux de vouloir écrire l'histoire d'une famille qui n'en a pas au sens propre du mot; aussi nous proposons-nous simplement, dans ce chapitre, d'en retrouver les fondateurs et leur accorder une mention en passant.

Nous pourrions trouver des données certaines sur l'existence civile, agricole ou commerciale de quelques-uns, dans les archives des études de notaires, tant à Paris qu'en province; nous y trouverions des baux, des contrats de ventes, de mariages, des actes de cessions ou de partages. Mais ces documents ne nous indiqueraient que rarement les filiations, sans nous indiquer les origines.

Les archives des communes qui renferment les anciens cahiers ou registres de catholicité (1) depuis le xvie siècle, et les registres de l'état-civil, depuis 1792, nous indiquent les naissances ou les baptêmes, les mariages et les décès; les alliances peuvent quelquefois nous éclairer sur la situation sociale; les parrains et les marraines, et les témoins de ces divers actes nous disent souvent, pas toujours, leurs professions et leurs demeures, et nous font connaître ainsi les pays, villes ou villages où ils ont vécu. C'est donc là que nous puiserons la majeure partie de nos renseignements sur les ancêtres.

C'est d'un mauvais début de commencer une relation par des incertitudes et des suppositions; nous y sommes pourtant obligé, car les registres de catholicité ne remontent guère au-delà du commencement du xviie siècle. A Saint-Soupplets, notamment, ces registres n'ont commencé à être tenus à peu près régulièrement que vers 1620, 1621.

Le roi François Ier, par la célèbre ordonnance de Villers-Cotterets, du 10 août 1539, avait prescrit aux curés et prêtres desservants d'inscrire sur un registre les baptêmes qu'ils célébraient et de rédiger les actes publics en français et non en latin. « *Ainsi sera fait registres* « *en forme de preuves des baptêmes, qui contiendront* « *le temps et l'heure de la nativité, et par l'extrait du* « *dit registre se pourra prouver le temps de majorité* « *ou minorité, et fera pleine foy à ceste fin.* »

Il était aussi prescrit que les registres seraient parafés par un notaire. « *Afin qu'il n'y ait faute aux dits re-* « *gistres.* » Le but était de noter exactement les nais-

sances, afin que les prêtres puissent observer les règles canoniques qui interdisaient les mariages entre proches parents, dits consanguins.

Au début, cette institution a été fort mal appliquée; ces actes de baptême étaient rédigés sans méthode et sans ordre, sur des feuilles volantes destinées à être réunies en cahiers ou recopiées. Ces actes étaient souvent, malgré l'ordonnance, une simple mention de date, sans signature pour en certifier l'authenticité (1). En faisant nos recherches, nous avons été à même d'en feuilleter de toutes sortes, de ces cahiers; nous en avons vu qui contenaient, outre les actes prescrits, les comptes et les revenus de la cure, soit en dîmes, soit en rentes; d'autres contenaient les comptes particuliers du desservant, tels que l'énumération des produits de son jardin ou des plantations à y faire.

Les registres de mariages et de décès ont une origine différente; c'étaient les registres sur lesquels les curés inscrivaient ce que leur rapportaient mariages et enterrements. A la longue, on finit par reconnaître l'avantage qu'il y aurait à généraliser cette coutume; le clergé et la royauté s'occupèrent de réglementer la tenue de ces registres par des ordonnances nouvelles, notamment les conciles de Trente en 1563, de Blois en 1579, et les ordonnances royales de 1667, 1736 et 1782, qui aboutirent, plus tard, à la loi de 1792, qui confia les livres de l'état-civil aux municipalités.

En tête des registres de la paroisse de Saint-Soupplets, nous avons trouvé quelques feuillets des années 1578-1580 et 1583, portant en titre cette adresse : « *A Très* « *Resverend père en Dieu Monseigneur, Monseigneur* « *l'Évesque de Meaulx, son official ou aultre ql (qu'il)* « *aptiendra (appartiendra).* » Puis deux autres de 1600 et 1601, 1621 et 1622; il manque les années de 1584 à 1600 et de 1602 à 1621. Ces quelques feuilles nous ont, néanmoins, permis d'y relever quelques noms nous intéressant, savoir :

ANTHOINETTE PICOUST, née le 1er juin 1580, du mariage de JEHAN PICOUST et PHILIPPOTTE DUTROU, ou DUFROU;

JEHAN LAISNÉ, né le 30 juin 1580, du mariage de ANTHOINE LAISNÉ et COLLETTE (?) PICOUST;

JEHAN PICOUST, qui est parrain le 30 juin 1580;

Barbe Picoust, qui est marraine le 1ᵉʳ novembre 1580;

Albin Goddart, né le 6 février 1581, du mariage de Denys Goddart et Perrette Picoust;

Jehanne Picoust, qui est marraine le 13 février 1583;

Anne Billiard, née le 15 mars 1583, du mariage de Anthoine Billiard et Anne Picoust;

Jacques Picoust, qui est parrain le 18 mars 1583;

Jehanne Picoust, qui est marraine le 12 octobre 1583;

Jehan Picoust, qui est parrain le 22 octobre 1583;

Puis, après, Jehanne Picou, qui est marraine le 31 août 1600.

Cette nomenclature suffit pour nous permettre de sauver ces aïeux de l'oubli, et de constater qu'ils formaient une famille déjà nombreuse dans le pays.

Nous remarquerons aussi que le nom Picou, est écrit partout en 1580 et 1583 avec la terminaison *st*, c'est-à-dire *Picoust*; ce n'est qu'en 1600 que nous voyons pour la première fois l'orthographe actuelle, Picou; nous devrons donc considérer comme des incorrections les noms de Picoux, Picout, Picoul et Picoult, que nous avons rencontrés quelquefois. Pourtant nous devons dire que nous avons vu, notamment à Nanteuil-le-Haudouin, le nom de Martine Pigou, fille de Pierre Pigou, et que cette forme du nom s'est perpétuée, il y a encore actuellement des Pigou à Ocquerre, près de Lizy-sur-Ourcq. Cette quasi-similitude de noms dans une même contrée, pourrait bien remonter à une origine commune et nous prouver une fois de plus l'ancienneté de cette famille; l'altération des dialectes ou de la prononciation a dû amener, comme partout, l'altération de l'orthographe, et d'un même nom l'usage en a tiré Picou et Pigou, et probablement aussi Pirou que nous avons lu dans les mêmes parages.

Après 1621, nous ne retrouvons plus la trace de ces Picoust de 1580; mais il faut retenir que sur les quatre ménages mentionnés, il y en avait trois dont le nom Picoust était porté par les épouses; donc, pour ceux-là, les enfants ont porté le nom de leurs pères; quant aux autres, il n'y a rien de risqué à dire qu'ils ont bien pu disparaître pendant la période de près de quarante années qui s'est écoulée de 1583 à 1621.

Après cet exposé et pour toutes les raisons données plus haut, on comprendra que nous avons été amené à supputer les premières dates que nous avons trouvées et à ne les donner que comme termes approximatifs.

Nous sommes certain que le véritable chef direct de notre famille est **Jehan Picou**, le mari d'**Helaine Mignan** ou **Meignan**, qui, croyons-nous, est né vers 1588, car son acte de décès, en 1648, porte qu'il était âgé de 60 ans, mais sans nous donner les noms de ses père et mère. Le 24 mars 1632, il avait été témoin avec Antoine Picou (probablement son frère), du décès de Catherine Fremin, laquelle vraisemblablement était leur mère; de plus, en 1623, « le propre jour de la Pentecoste », était décédé Antoine Picou, qui pouvait bien être leur père.

Nous avons déjà dit, autre part, que le registre de Saint-Soupplets contient, à la date de 1630, une liste des *Obitz* que le curé était tenu de célébrer et sur laquelle un *obit* est porté au nom de Denis Picou, pour 5 sols parisis, (Le sol valait alors environ 0 fr. 19 de notre monnaie).

Il faut voir dans ce Denis et cet Antoine, deux ancêtres que nous pouvons admettre comme aïeux directs des familles qui vont suivre, car ces deux noms de baptême se perpétuent dans toutes les branches de la descendance et on les retrouvera encore dans les familles contemporaines.

En procédant, toujours par supposition, on peut dire qu'un homme se marie, à peu près, vers l'âge de vingt-cinq ans et a un premier enfant à vingt-six, et qu'une jeune fille se marie vers sa vingtième année et a son premier enfant dans sa vingt et unième; de cette façon nous sommes porté à croire que Marie Picou, épouse de Jehan Tavernier, est née vers 1604; Jehanne Picou, épouse de Jehan le Gouverneur, est née vers 1606, et que Jacques Picou, le mari de Françoise Capon, est née vers 1602. De plus, le rapprochement des dates et les parents qui sont parrains et marraines de leurs enfants, nous donnent à supposer que Marie, Jehanne et Jacques Picou, étaient frère et sœurs, et cousins de Jehan Picou-Mignan.

Antoine Picou, que nous croyons être frère de Jehan, eut un fils, Jacques, qui s'est marié au moins trois fois, peut-être quatre : 1° avec Magdeleine Esmery; 2° avec Perrette Potier; 3° avec Anne Thiébault. Du premier mariage il eut un enfant, né le 10 octobre 1644, à Saint-Soupplets; il serait donc né lui-même vers 1619, et Antoine Picou, son père, vers 1593.

Ce Jacques Picou avait une sœur, Françoise Picou mariée à Claude Blaisimar; cette sœur met au monde une fille, Jeanne, le 22 mai 1646, ce qui fera supposer la naissance de la mère en 1625.

Pour en terminer avec les indications supposées, disons encore que Vincent Picou, frère de Jehan et d'Antoine, est décédé le 22 février 1624, âgé de 27 ans, ce qui placerait sa naissance en 1597; c'est ce Vincent Picou qui avait été parrain d'un enfant de Jehan Picou et d'Helaine Mignan.

Après celui-ci, constatons que nous sortons de l'incertitude et remarquons que Jehan Picou-Mignan, qui était l'aîné, prit soin, dès 1621, de faire inscrire tous ses enfants, et que dès lors les dates que nous pouvons relever doivent être considérées comme certaines.

Le tableau ci-contre fera voir, d'une façon aussi claire que possible, le résumé des suppositions que nous venons d'élaborer, et que nous y portons sans en être autrement sûr que Jehan Picou est fils d'Antoine Picou, décédé en 1623, et de Catherine Fremin, décédée en 1632.

L'acte de décès de Jehan Picou porte qu'il était laboureur, celui d'Helaine Mignan, sa femme, porte qu'elle fut enterrée dans l'église de Saint-Soupplets.

En 1588, Jehan Picou est donc venu au monde pendant la dernière année du règne de Henri III; trop jeune pour connaître les agitations du commencement du règne de Henri IV, il a pu néanmoins ressentir les effets de la sollicitude de ce roi et de son ministre Sully pour l'agriculture.

Les luttes religieuses avaient ruiné la France, avec le rétablissement de l'ordre la prospérité renaquit et Sully protégea l'agriculture avec prédilection.

LES ANCÊTRES A LA FIN DU XVIᵉ SIÈCLE

ANTOINE PICOU épouse (?) CATHERINE FRÉMIN
Décédé en 1623, le propre jour de la Pentecôte.
Décédée le 24 Mars 1632.

ANTOINE PICOU épouse N. N···
Né vers 1593.
A été témoin en 1632.

JACQUES PICOU Marié trois fois, peut-être quatre fois.
Né vers 1619.
Son premier enfant de MAGDELEINE EMERY, est né le 10 Octobre 1644, à Saint-Soupplets.

FRANÇOISE PICOU épouse CLAUDE BLAISIMAR
Née vers 1625.
Sa première fille, JEANNE, est née le 22 Mai 1646.
Sa deuxième fille, HÉLÈNE, est née le 13 Novembre 1655.

JEHAN PICOU épouse HELAINE MIGNAN
Né vers 1588.
Décédé le 16 Juillet 1648.
Décédée le 29 Septembre 1652.

Voir Tableau I.

DENIS PICOU . . . . Né en 1621.
CATHERINE PICOU . . . . Née en 1625.
ROSE PICOU. . . . . Née en 1626.
JEHAN PICOU . . . . Né en 1627.
JACQUES PICOU . . . . Né en 1628.
MAGDELEINE PICOU . . . . Née en 1630.
SÉBASTIEN PICOU . . . . Né en 1633.
PIERRETTE PICOU . . . . Née en 1636.

VINCENT PICOU
Né vers 1597.
Décédé le 22 Février 1624, âgé de vingt-sept ans.

DENIS PICOU
Celui qui est porté sur la liste des Obitz de 1630.
Probablement père de

MARIE PICOU épouse JEHAN TAVERNIER
Née vers 1604.

JACQUES TAVERNIER
Né à Saint-Soupplets, le 1ᵉʳ Mars 1625.

JEHANNE PICOU épouse JEHAN LE GOUVERNEUR
Née vers 1606.

FRANÇOISE GOUVERNEUR . . . . Née le 25 Mars 1627.
JEHAN GOUVERNEUR . . . . . . Né le 2 Mars 1628.
JEHANNE GOUVERNEUR . . . . . Née le 3 Février 1630.
DENISE GOUVERNEUR . . . . . . Née le 28 Janvier 1632.
JACQUELINE GOUVERNEUR. . . . Née le 1ᵉʳ Janvier 1635.

JACQUES PICOU épouse FRANÇOISE CAPON
Née vers 1609.

MARGUERITE PICOU
Née à Saint-Soupplets, le 23 Octobre 1635.
JACQUES PICOU
Né à Saint-Soupplets, le 27 Septembre 1638.

III

LES COLLATÉRAUX

Jehan Picou et Helaine Mignan eurent huit enfants, dont quatre fils, qui furent Denis, Jean, Jacques et Sébastien, et quatre filles : Catherine, Rose, Magdeleine et Pierrette (1). Tous passèrent leur existence à Saint-Soupplets, le berceau natal.

Ça n'a pas été sans une douce émotion que nous avons relevé, presque au début de nos recherches, le nom de Rose Picou, née en 1626; ce nom nous a rappelé celui de notre mère qui, elle, est née à Étrepilly, près de deux cents ans plus tard, en 1815.

§ 1.

Denis, Ier du nom, l'aîné des fils, qui transmit son nom de baptême à cinq générations successives, épousa, vers 1650, **Geneviefve Pasquier**, et passa sa vie, comme nous l'avons dit, à Saint-Soupplets; mais son fils, Denis II, au moment de son mariage, le 19 juillet 1678, avec Marie De la Rue, se fixa à Barcy, paroisse située à une lieue et demie, à l'est, de Saint-Soupplets, où il exerça la profession de bourrelier (*bourlier*, comme on l'écrivait quelquefois alors .

Ce Picou-De la Rue eut deux fils, qui formèrent chacun une lignée. L'aîné, Denis III, marié deux fois, avec : 1° Catherine Butel; 2° avec Marie Lécaillé, eut un fils aîné, Denis IV, qui habita un village voisin, Étrepilly, où il fut cabaretier, et un petit-fils, Gérôme-Denis V Picou, qui fut aussi cabaretier à Lizy-sur-Ourcq. Le second fils de Denis III, Antoine Romain, fut bedeau à Barcy, ainsi que son fils, Antoine Pascal.

Leur descendance s'éteint vers 1850, dans une commune voisine, à Gesvres-le-Chapitre, où nous ne trouvons plus que des filles.

Nous devons donner aussi un souvenir à Jean-Cyprien Picou, fils de Jean Picou et de Françoise Bancreux, qui se fit inscrire sur les registres d'enrôlements avec quatorze de ses compatriotes d'Étrepilly, le 18 mars 1793.

Denis II, Picou-De la Rue, eut pour second fils Jacques Picou, qui, le 21 juin 1717, épousa Madeleine Lemaire, à Chambry, où il se fixa et où il exerça la profession de bourrelier que lui avait enseigné son père; ce fut lui qui, en 1727, fit une transaction avec les religieuses du couvent des Dames-de-Fontaine, qui possédaient, à cette époque, une ferme à Chambry (2).

---

(1) Voir tableau I.
(2) Voir la note C, page 31.

Ce métier de bourrelier, qu'il enseigna à son tour à son fils, Nicolas Picou-Douchet, fut exercé de père en fils pendant près de cent cinquante ans à Chambry; aujourd'hui, un de leurs descendants, Antoine Picou, marié en 1834 avec Félicie-Victorine Baudrier, est âgé de 86 ans et habite encore le Mesnil-Aubry, où il fut bourrelier, et Pierre-Auguste Picou, marié le 1er octobre 1878, avec Marie-Angéline Pelletier, est bourrelier à Neufmoutiers.

Voilà un bel exemple de l'hérédité d'une profession qui s'est perpétuée et s'exerce encore dans la même famille depuis 1678, c'est-à-dire depuis près de 220 ans.

Picou-Lemaire eut un autre fils, Claude, et un petit-fils, Claude aussi, qui furent tous deux cabaretiers : le premier à La Ferté-sous-Jouarre, à l'auberge des *Trois-Pigeons*, et le second à Meaux, rue Saint-Nicolas; il fut aussi marchand de bois. Son frère, Louis-Hippolyte Picou, fut huissier à La Ferté-sous-Jouarre (il est qualifié aussi de praticien); il eut deux filles, dont l'une fut mariée à La Ferté, le 22 décembre 1831, à Jules Sagot, dit Lesage, lequel était pharmacien, il n'y a pas encore longtemps, à Paris, boulevard du Temple, n° 30, sous le nom de Lesage-Picou.

§ 2.

Nous sommes moins renseigné sur la lignée de **Jehan**, le second fils de Picou-Mignan. Nous savons qu'il avait plus de 50 ans quand il prit pour femme **Agnès Gaudet**; ils habitèrent d'abord le Plessis-Belleville, puis ils revinrent habiter Saint-Soupplets, où lui est décédé en 1699, à l'âge de 72 ans, et Agnès Gaudet en 1685, à l'âge de 38 ans; ils laissèrent une fille, Marguerite ou Magdelaine, mariée en 1697, à Nicolas Meignan, et deux fils, Denis et Jean, qui ont pu laisser des descendants à Charny, à Messy et à Saint-Pathus.

§ 3.

Jacques I, le troisième fils de Jehan Picou-Mignan, eut neuf enfants de **Anne Lienard**, sa femme, dont trois seulement, Jacques, Estienne et Sulpice furent mariés.

Jacques II, l'aîné, eut pour fils Jacques III, lequel épousa, le 9 février 1722, sa cousine, Marie Picou, fille de Picou-Paillard; que nous verrons plus loin.

Ce ménage habita d'abord Saint-Soupplets pendant près de vingt ans, où ils eurent quatorze enfants. Ce résultat pourrait être donné comme preuve contraire à ceux qui croient que les mariages consanguins sont improductifs. Il est vrai d'ajouter que six sont morts en bas âge. Jacques III et Marie Picou furent ensuite fermiers en la ferme de Montansou, paroisse de Sancy, au sud de Meaux, où ils étaient en 1741 et en 1755, puis plus tard, leur bail fini, nous les retrouvons fermiers en la ferme de Georges-Villiers, paroisse de Guérard-en-Brie, près de Coulommiers, où Jacques meurt en 1760, âgé de 66 ans; sa veuve, Marie Picou, revint à Saint-Soupplets, où elle maria trois de ses filles, et mourut en 1780, à l'âge de 82 ans.

Le second fils de Jacques I, ESTIENNE I PICOU, époux de RÉNÉE BAILLY, a laissé une lignée qui s'est perpétuée par ESTIENNE II, PICOU-ROBIN et ÉTIENNE III, PICOU-BELLEVILLE et SULPICE-ÉTIENNE IV, PICOU-MAILLARD, et qui se continue encore à Saint-Soupplets, qu'elle n'a jamais quitté et où elle a exercé les divers métiers usités dans les villages : charrons, maréchaux, laboureurs, etc., et est encore représentée actuellement par ALPHONSE-THÉODORE PICOU LOBIN, marchand boucher, qui ne possède que quatre filles, et par JEAN-BAPTISTE PICOU-DANTAN, qui possède trois jeunes filles et un jeune garçon nommé DÉSIRÉ.

Saluons ici en passant AUGUSTE-GERMAIN CARRÉ, époux de VICTOIRE PICOU, qui, marié le 12 juillet 1870, mourut au champ d'honneur pendant la guerre, le 30 septembre 1870, au fort d'Issy, près Paris. Sa veuve, épouse de six semaines, s'est remariée un an plus tard avec LÉON-EUGÈNE BLANCHARD.

Quant à SULPICE PICOU, le troisième des fils mariés de Jacques I, il fut laboureur à Saint-Soupplets, en la ferme de l'Étrille, marié à DENISE FOURNIER, par Adrian Fournier, prêtre, licencié en théologie de la Maison et Société de Sorbonne, curé de Coulombs; il mourut en 1730 et fut enterré dans l'église, sans avoir laissé de postérité. Le père de Denise Fournier était aussi laboureur et, de plus, syndic de sa paroisse.

§ 4.

Enfin, le quatrième fils de PICOU MIGNAN, **Sébastien**, marié avec **Nicolle Bailly**, a laissé après lui trois familles :

1° Celle de DENIS PICOU, marié à MARIE PAILLARD, qui fut père de MARIE PICOU, l'épouse de JACQUES III, que nous avons vu plus haut;

2° Celle de ANTOINE PICOU, marié à FARE RINGUIER, qui est la nôtre et que nous reprendrons plus loin;

3° Celle de JEAN PICOU, marié à MARIE-ANNE MARIN, lequel n'eut qu'un enfant mâle, JACQUES, qui épousa MARIE-MARGUERITE LEFRANC et ne laissa qu'une fille pour héritière.

PICOU-PAILLARD, laboureur et receveur du fief de Mauny, à Saint-Soupplets, mourut en 1731 et fut enterré dans l'église, vis-à-vis la chapelle Saint-Sébastien. Il eut plusieurs fils, dont deux sont morts célibataires : NICOLAS, décédé en 1743, âgé de 46 ans, a été enterré aussi dans l'église, et SÉBASTIEN, décédé en 1758, âgé de 58 ans.

Un troisième fils, ANTOINE-AUGUSTIN I, qui fut marié avec MARIE-JEANNE LEFEBVRE, et qui fut aussi laboureur et receveur de M. de Mauny, laissa trois fils : ANTOINE-AUGUSTIN II, qui alla demeurer à Jouarre et à Sammeron, village sur la route de Paris à La Ferté-sous-Jouarre; son fils, ANTOINE-AUGUSTIN III, fut aubergiste et boulanger aux mêmes lieux et eut trois enfants.

Le second fils d'Antoine-Augustin I, DENIS-AUGUSTIN, vint s'établir à Paris, et le troisième, DENIS-CLAUDE, marié à Meaux, le 15 février 1768, avec MARIE-JEANNE-FRANÇOISE MONTMARTRE, fut fermier de la ferme de la Grange-Gruyer, à Jouarre, ainsi que son fils, DENIS-CLAUDE-THÉODOR, marié à MARIE-ANGÉLIQUE-CHARLOTTE DELIGNY, dont il eut douze enfants, parmi lesquels six furent mariés :

1° FRANÇOISE-VIRGINIE, mariée à CÉSAR-FRÉDÉRIC-MAXIME GRANDIN, meunier à Jouarre;

2° AUGUSTE-ANASTASE PICOU, qui fut épicier à Paris, rue du Marché-Palu, n° 12, dans la Cité, et fut père de MM. VICTOR, ACHILLE et ALEXANDRE PICOU, lesquels étaient il y a quelques années merciers à Paris, rue du Faubourg-Montmartre;

3° CHARLOTTE ADÉLAÏDE, mariée à ARMAND-ISIDORE JULIEN, instituteur;

4° VICTOIRE PRUDENCE, mariée à LOUIS-DENIS GUEUVIN, mercier à Jouarre;

5° DENISE ZÉPHIRINE, mariée à Jouarre, le 30 mai 1833, avec CHARLES-ALBERTIN VAVASSEUR, marchand de farines à Meaux, dont le fils, ADOLPHE VAVASSEUR, fut aussi mercier, à Paris, rue Saint-Denis, n° 359 (ancien);

6° ALEXANDRE VICTOR, marié à Jouarre le 15 mai 1841, avec LOUISE-LAURENCE RICARD, reprit la ferme de la Grange-Gruyer. Il eut un fils, ALEXANDRE-LOUIS-VICTOR, qui était épicier à Paris, rue du Faubourg Saint-Denis, n° 101, en 1873, et son petit-fils est actuellement marchand de couleurs, rue Réaumur.

Ce rapide examen nous fait remarquer que la coutume patriarcale de donner le prénom du père au fils aîné de chaque branche, fut assez fidèlement suivie dans cette famille.

Nous avons vu, en effet, cinq DENIS dans la première lignée.

Quatre JACQUES dans la troisième lignée, forment une branche aînée de cette lignée, et quatre ÉTIENNE, qui se suivent en forme la branche cadette.

Dans la quatrième lignée, le nom de SÉBASTIEN ne se conserve pas, mais celui d'ANTOINE-AUGUSTIN se suit pendant quatre générations.

Puis nous avons le nom ANTOINE qui se retrouve pendant près de deux cents ans, depuis ANTOINE PICOU, né à Saint-Soupplets le 12 février 1676, jusqu'à ANTOINE-OLIVIER PICOU, décédé à 37 ans, le 22 septembre 1857, à Mennecy (Seine-et-Oise).

C'est cette branche des ANTOINE, que nous avons laissé de côté plus haut qui fera l'objet des deux chapitres suivants.

* *

M. le marquis de Ségur, dans un ouvrage intitulé : *Les Martyrs de Castelfidardo*, cite ROGATIEN PICOU, mort en Italie, à l'hôpital d'Osimo, le 27 septembre 1860, des suites de blessures reçues à la bataille de Castelfidardo. Il était originaire d'une famille de commerçants de Nantes, et peut-être parent de HENRI-PIERRE PICOU, artiste peintre, né à Nantes, le 29 février 1824; famille sur l'origine de laquelle nous regrettons de n'avoir pas pu obtenir de renseignements.

IV

LES ANTOINE PICOU

Des fils de Sébastien Picou et Nicolle Bailly (1), nous avons donné la lignée de Denis, marié avec Marie Paillard, et nous avons dit que Jean n'a laissé qu'une petite-fille pour héritière.

Nous allons dans ce chapitre, nous occuper de la lignée des Antoine.

§ 1.

Antoine Picou et Fare Ringuier.

Le cinquième enfant de Sébastien Picou : né en 1676, **Antoine Picou**, épousa à Marcilly, le 14 juin 1700, **Fare Ringuier**, fille de Charles Ringuier, receveur de Gressy, et de Suzanne Robert, sa femme, et nièce de M. Ringuier, président de l'élection de Crépy-en-Valois. Sa mère, qui était veuve au moment du mariage, était receveuse de la terre de Gressy.

Fare Ringuier avait deux frères : 1° Charles Ringuier, marié à Catherine Bruslé, qui était receveur de Mesdames les religieuses de Noëfort, à Saint-Pathus; 2° Nicolas Ringuier, qui était laboureur à Marcilly, et deux sœurs mariées, l'une à Thierry Renard et l'autre à Etienne Paillard.

Il convient de définir ce que signifiaient ces qualifications de *laboureur* et de *receveur*, que nous rencontrons fréquemment à la suite des noms de toutes ces familles de cultivateurs.

Dans l'ancien temps, lorsque les seigneurs habitaient leurs terres, les redevances et les fermages leurs étaient payées presque toujours en denrées livrées en nature. Le blé, le froment, l'avoine, les poules, les chapons, etc., étaient les redevances les plus usitées qui se payaient à Noël, à Pâques et à la Saint-Jean, ces denrées servaient à l'alimentation de la maison seigneuriale; à ces revenus le seigneur joignait le produit du cens, de la corvée (qui se rachetait), de la banalité des fours et des pressoirs, les droits de mouture qui lui étaient dus, ainsi que les divers revenus qu'il percevait pour la location des petites parcelles de terre et les maisons d'habitation des paysans. Ces diverses recettes, le seigneur les faisait lui-même, ou les faisait faire par des préposés; des droits de justice, haute, moyenne ou basse, lui étaient conférés pour l'y aider. Le tenancier était alors laboureur, il cultivait la terre du seigneur sous certaines conditions. Par la suite,

les produits en nature furent remplacés par des évaluations équivalentes en numéraire.

Mais plus tard, lorsque les nobles quittèrent leurs châteaux pour fréquenter la cour (on sait combien la cour de Louis XIV, entre autres, était somptueuse et combien les seigneurs y dépensaient largement), ou bien encore pour servir dans les armées, ils s'éloignèrent de leur patrimoine.

Alors, pour se décharger du souci des rentrées d'argent et s'assurer un revenu fixe sur lequel il puisse compter, le seigneur affermait aux mains de son principal tenancier ou laboureur l'exercice des droits de la seigneurie et le chargeait de recevoir tous les menus revenus; dont il avait ensuite à lui rendre compte. C'est alors que le laboureur prit le titre de fermier, de receveur de la terre et seigneurie, ou encore de procureur fiscal. Évidemment le tenancier qui obtenait ainsi la confiance de son bailleur et profitait d'un certain bénéfice sur la recette qu'il faisait pour lui, devait présenter de grandes et sérieuses garanties par son travail, sa moralité et sa probité. Il exploitait en même temps la culture des terres dont il était le fermier et les divers privilèges qui étaient attachés à la seigneurie dont dépendait sa ferme.

Nous avons dit plus haut que Fare Ringuier était la nièce de M. Ringuier, président de l'élection de Crépy-en-Valois.

Une élection était un office, sorte de tribunal, dont la présidence était héréditaire; celle de Crépy avait été donnée ou vendue à la famille Ringuier, dès sa création, vers la fin du XVIᵉ siècle.

Les intendants généraux fixaient l'assiette des impôts, des subsides et des tailles à percevoir dans chaque élection. Les paroisses nommaient des syndics (des élus), qui après délibération se rendaient au siège de l'élection, là ils fixaient la quotité des impôts à repartir par paroisses. Ces élus, nommés aussi assesseurs ou collecteurs, étaient personnellement et solidairement responsables au vis à vis du président de l'élection, qui remplissait ainsi un rôle analogue à celui des trésoriers ou receveurs généraux d'aujourd'hui, ce qui n'était sans laisser de gros profits.

Ceci nous fait voir que notre Antoine Picou était, par son mariage, entré dans une famille jouissant d'une certaine notoriété dans la contrée.

Mais ce ménage dura fort peu de temps. Après deux ans de mariage, Antoine est mort le 26 juin 1702, et

---

Faré Ringuier, huit jours après, le 4 juillet 1702. Quel accident, quelle épidémie, les a enlevés tous les deux si prématurément? nous ne pouvons pas le savoir. Ils laissèrent pour hériter un enfant nommé Antoine, comme son père, qui leur était né le 24 mars 1701, et qui n'était âgé que de quinze mois lorsqu'ils moururent.

§ 2.

Antoine Picou et Marguerite Prévost.

Qui va se charger de cet orphelin de quinze mois, qui va recueillir, et lui conserver, la succession de ses père et mère, diriger son éducation et en faire un homme qui sache faire son chemin dans la vie?

Son grand-père Sébastien Picou et sa grand'mère Nicolle Bailly sont morts tous deux, l'un depuis deux ans, l'autre depuis dix-huit ans. C'est donc Suzanne Robert, la receveuse de Gressy, sa grand'mère maternelle, qui prendra soin de ses jeunes années, c'est à Gressy qu'il sera élevé et c'est à Messy, village situé à moins d'une demi-lieue, qu'il se fera connaître de la famille de Nicolas Prévost, famille où il entrera par son mariage avec Marguerite Prévost, la fille aînée.

§ 3.

La Famille de Nicolas Prévost.

Avant de suivre Antoine Picou, jetons donc un coup d'œil sur cette famille Prévost, dont il va devenir membre.

Cette famille était nombreuse, et était ancienne aussi dans la contrée. Au temps de Charles VI, déjà, nous trouvons un Guillot Prévost qui était hôtelier à Charmentray (1).

En 1653, un Antoine Prévost était curé à Dampmart (près Lagny).

En 1664, un Pierre Prévost épousa à Vincy Marie Chéron.

En 1697, Roch Prévost, époux de Marie Courtier, laboureur et procureur fiscal, mourut à Messy, le 11 mai, âgé de 70 ans.

En 1724, un Prévost était garde des plaisirs du Roy, au chasteau de Vincienne.

En 1732, François Prévost était supérieur de la Congrégation des Pères de l'Oratoire de Raroy (L. Benoist, *Crouy*).

En 1740, Jean-Baptiste Prévost était laboureur et fermier de M. Jérosme Bignon, conseiller d'État, prévost des marchands de Paris (2).

Nicolas Prévost (3), le père de Marguerite, était fils de Nicolas Prévost et de Anne Chalot, sa femme. Il naquit à Villepinte en 1672; il avait trois frères et trois sœurs. Marié une première fois, à Messy, le 27 juillet 1699, avec Marguerite de Brie (peut-être une descente de ce fameux Pierre de Brie, dit Basse-Maison, qui fut pendu à Monthyon en 1591, en punition de ses brigandages). De cette femme il eut quatre enfants qui tous moururent en bas âge, et elle-même mourut le 1er juillet 1705, en donnant le jour à son dernier né.

Dix ans plus tard, le 19 février 1715, Nicolas Prévost se mariait en secondes noces à Paris, paroisse Saint-Paul, avec Marguerite-Trophime Frain (1), dont il eut Marguerite Prévost, née le 31 janvier 1716. Il eut ensuite cinq garçons : Nicolas, Henry, Jean-Baptiste, Pierre-André et Charles, et une autre fille, Marie-Anne. Ces sept enfants étaient nés lorsque ce second mariage fut cassé par l'Officialité diocèsaine pour cause de consanguinité au troisième degré, et les enfants déclarés bâtards. Mais le 15 avril 1727, par une nouvelle cérémonie à Messy, le mariage fut réhabilité et les enfants légitimés.

Marguerite Prévost épousa **Antoine Picou**, dont nous nous occuperons ci-après, le 23 février 1734, à Messy.

L'aîné de ses frères, Nicolas Prévost, épousa à Gesvres-le-Chapitre, le 24 avril 1741, Marie-Geneviève-Victoire de Sacy, fille de Jean-Baptiste de Sacy et de Marie-Geneviève Genehault; il était officier du Roy à Chevreville, en 1756, puis président-trésorier de la Généralité de Soissons, en 1762. Il eut pour gendre Jacques Cadeau, seigneur des haut et bas Acy, qui épousa sa fille Marie-Jeanne-Marguerite-Geneviève Prévost, à Acy, le 9 février 1762. Ce Jacques Cadeau était fils de Jacques Cadeau, chevalier, écuyer de main honoraire du Roy, seigneur des haut et bas Acy et des trois cinquiesmes des fiefs de Tresmes et de Billy; et de Magdelaine Boucharlat, dame d'Assy, son épouse. L'un des témoins de ce mariage fut Jean-Baptiste de Sacy, seigneur du fief de Longperier (nous savons que depuis, ce fief a passé dans une branche de la famille Prévost); l'autre témoin fut Antoine Picou, receveur de Vincy.

Un autre des frères de Marguerite Prévost, Pierre-André, épousa à Villepinte, le 25 juillet 1747, Marie-Catherine Afforty, qui était fille de Pierre Afforty, laboureur à Villepinte, et de Noëlle-Catherine Chartier, du Plessis-Gassot. Cette Noëlle-Catherine Chartier était grand'tante de Henriette-Victoire Chartier, décédée à Roissy, le 2 décembre 1891, âgée de 93 ans, et qui fut femme de Jean-Charles Sainte-Beuve.

Le prêtre officiant à Villepinte, le 25 juillet 1747, au mariage de Noëlle-Catherine Afforty était Louis Afforty (2), curé d'Ecouen, cousin-germain de son père et cousin de Charles-François Afforty (3), prêtre-docteur de Sorbonne, chanoine et doyen de l'église collégiale de Saint-Rieul, de Senlis, et aussi de François-Louis-André Afforty, prêtre-docteur de Sorbonne et curé de Survilliers.

Cette famille Afforty était originaire de Louvres-en-Parisis.

Jehan Ier Afforty était lieutenant de Louvres-en-Parisis, en 1597.

Jehan II Afforty était laboureur à Louvres, et fut enterré en 1625, entre les deux églises.

Jehan III Afforty fut receveur de Louvres-en-Parisis pour M. le Cardinal de Richelieu, comme prieur de Saint-Martin-des-Champs. Il fut marié à Paris, à Saint-Pierre-des-Arcis, le 12 février 1637, avec dispense du pape Urbain, comme allié du troisième au quatrième degré, avec Claude Berson.

---

(1) Voir note **D**, page 31.
(2) Voir note **E**, page 31.
(3) Voir tableau **IV**.

(1) C'est Marguerite-Trophime Frain qui a apporté dans la famille ce prénom de Trophime qui y existe encore, après avoir été porté indistinctement par des filles ou des garçons.
(2) Voir note **F**, page 31.
(3) Voir note **G**, page 31.

Une Jehanne Afforty, mariée avec Claude Cordier, avocat, eut pour gendre ...N... Doulcet, procureur au Parlement de Paris, et pour petit-fils ...N... Doulcet, bâtonnier de MM. les avocats de Paris.

Cette famille avait aussi des alliances avec les Le Normand, de Montagny-Sainte Félicité; les Doutreleau, maîtres de poste à la Chapelle-en-Serval; les Bienvenu, les Mocquet, les Navarre, les Béjot. Florent Roche, beau-frère de Marie-Catherine, veuf à 36 ans de Marie-Noelle Afforty, se maria en secondes noces à Meaux, le 14 juin 1768, avec Marie-Louise Borniche, d'une famille que nous verrons alliée avec les enfants de Picou-Prévost.

Pierre-André Prévost et Marie-Catherine Afforty eurent deux filles, dont l'aînée, Marguerite-Suzanne-Charlotte Prévost, épousa, en juillet 1779, à Bouillancy, Nicolas Tronchon, auquel nous consacrons plus loin un paragraphe spécial; et la cadette, Marie-Catherine-Nicole Prévost, épousa Pierre-Charles Benoist, d'une belle famille qui avait des alliances avec les Lemoine, les Delaunay, les Lucy, les Tronchon, etc., etc.

Marie-Anne Prévost, la sœur de Marguerite, fut mariée le 1er juillet 1752, avec Charles Béjot, fils d'Antoine Béjot, laboureur, d'abord à Moussy-le-Vieux, puis à Gonesse, et de Marie-Marguerite Afforty, et petit-fils d'Antoine Béjot, laboureur à Palesnes, paroisse de Pierrefonds. Le mariage fut célébré à Paris en l'église des Saints-Innocents.

Toutes ces grandes familles qui formaient la haute bourgeoisie et faisaient la grande culture des pays du Valois, du Multien, de Goële, du Senlisis et du Parisis, étaient, on le voit, toutes unies entre elles par des liens de parenté; elles étaient l'élite de la population des campagnes, tant par leurs mœurs que par leur instruction.

Ceux de leurs membres qui n'étaient pas cultivateurs, venaient à Paris s'occuper de commerce ou d'industrie. Nous voyons en 1752 un Claude Prévost, bonnetier à Paris, rue Saint-Denis; un autre Claude demeurait rue Saint-Germain-l'Auxerrois, n° 25, où il était teinturier; un Nicolas Prévost habitait rue Aubry-le-Boucher. D'autres embrassaient l'état ecclésiastique : un Pierre Prévost, vicaire à Dugny en 1728, était prêtre en l'église Saint-Leu, à Paris, en 1747; un autre, Nicolas Prévost était prêtre au Tremblay à la même époque. Les familles nobles, en ce temps-là, avaient les évêchés et les abbayes, les familles bourgeoises pouvaient obtenir les cures et les doyennés.

§ 4.

Antoine Picou et Marguerite Prévost, à Vincy-Manœuvre.

C'est donc dans une belle et nombreuse famille qu'**Antoine Picou** est entré par son mariage, à Messy, en France, le 23 février 1734, avec **Marguerite Prévost**.

Ils firent leur résidence, d'abord au Plessis-Belleville, pendant cinq ans, de 1734 à 1739, où ils eurent trois enfants : Antoine, Marguerite-Suzanne et Pierre-Trophime; puis ils habitèrent pendant sept ans Nanteuil-le-Haudouin, où ils eurent cinq autres enfants : Jeanne-Nicole-Adélaïde, morte jeune; Charles, Marie-Nicole-Victoire, André-Adrien-Nicolas, mort à Messy, à l'âge de deux ans, et Marie-Fare; et enfin, en 1748, ils vinrent se fixer à Vincy-en-Multien, où ils eurent encore trois enfants : Marguerite-Félicité, Marie-François-Nicolas et Nicolas-Henry.

Nous n'avons pas l'intention de refaire ici la monographie de Vincy-Manœuvre; nous renverrons le lecteur qui voudrait connaître ce village et son histoire, à l'ouvrage que M. L. Benoist, ancien notaire de Lizy, sénateur, conseiller général de Seine-et-Marne, lui a consacré sous le titre de *Notice historique et statistique sur le marquisat de Manœuvre et sur Vincy-Manœuvre.* (Meaux, Destouches, 1885.) Nous nous contenterons de lui faire quelques emprunts susceptibles de donner de l'intérêt à notre sujet :

Vincy-Manœuvre *(Vinciacum, Magnum opus)* est une commune du canton de Lizy, arrondissement de Meaux (Seine-et-Marne), à 8 kilomètres de Lizy, et 18 kilomètres de Meaux; elle a pour limites, au nord, le département de l'Oise; à l'est, le même département et le terroir du Plessis-Placy; à l'ouest, encore le même département, du même côté, le terroir d'Étrepilly; et du midi, celui de Trocy. *(Marquisat de Vincy, p. 5.)*

Cette commune est composée de deux groupes d'habitations : Vincy, chef-lieu; Manœuvre, hameau au sud, qui a formé durant quelque temps une paroisse distincte. *(Marquisat de Vincy, p. 5.)*

Vincy-Manœuvre faisait autrefois partie de l'archidiaconé de France, du doyenné d'Acy, de la généralité de Paris, de l'élection et de la subdélégation de Meaux. *(Marquisat de Vincy, p. 6.)*

Vincy et Manœuvre ont formé d'abord une seule paroisse, bien qu'il existât deux églises.

L'église de Vincy était et est encore sous le vocable de la Sainte-Vierge; l'église de Manœuvre avait pour patron saint Jean-Baptiste. *(Marquisat de Vincy, page 38.)*

En 1810, il fut question de réunir, pour le spirituel, Vincy-Manœuvre au Plessis-Placy; mais le Conseil municipal, dans une délibération où nous lisons ces mots : « Considérant qu'en dépit « de la philosophie moderne, les habitants de Vincy s'honorent « encore de la pratique de leur religion, qu'ils se trouveraient pri- « vés du bonheur de se réunir pour l'exercice de leur culte... », demanda la conservation de son église. A ce moment, du reste, Louis Cougy, ancien curé de la commune, offrait d'y continuer son ministère. *(Marquisat de Vincy, page 42.)*

Il y avait trois fermes à Vincy : la Grande-Ferme ou Grand'Cour, qui était la ferme seigneuriale; la ferme dite du Presbytère, et la ferme dite de Navarre, qui appartenait au Collège de Navarre, à Paris (1); puis une ferme située à Manœuvre.

Antoine Picou s'installa dans les fermes réunies, que le comte de Guitaud, marquis de Manœuvre, seigneur de Vincy, lui loua tant à Vincy qu'à Manœuvre; il fut en même temps receveur de la terre et seigneurie de Vincy.

En 1748, Vincy et Manœuvre réunis contenaient de 820 à 840 arpents de terres labourables (51 ares 07 centiares par arpent) et étaient louées 9,000 livres (la livre valait 2 fr. 07 de notre monnaie). Les terres de Vincy, composées de terres fertiles, comme la majeure partie de la Brie, et d'une culture facile, ont toujours été recherchées par les laboureurs.

En 1756, il ajouta aux terres qu'il détenait du comte de Guitaud l'exploitation de la ferme de Navarre, qu'il tenait du Collège de Navarre, de Paris, moyennant 1,000 livres; cette location comprenait la seigneurie tout entière, ainsi que les droits de suzeraineté sur le fief de Mauny.

Il était entreprenant, cet homme, qui, à une exploitation de plus de 800 arpents, en joignait une autre d'une centaine encore; c'est qu'il lui restait huit enfants à élever et à établir, et que déjà les aînés, âgés de dix-huit et de vingt ans, pouvaient lui servir de collaborateurs.

Marguerite Prévost, sa digne compagne, mourut à Vincy, à l'âge de cinquante ans, le 25 avril 1766; elle avait eu le bonheur de voir le premier de ses enfants marié et établi.

---

(1) Voir note **H**, page 32.

La mention toute spéciale et en dehors des usages dont le curé de Vincy crut devoir honorer sa mémoire, en inscrivant son décès sur les registres, nous dit en termes simples les qualités dont elle était douée. Nous ne saurions mieux faire que de nous associer à ce brave curé en reproduisant cet acte ici :

L'an mil sept cent soixante-six, le vingt-six avril, a été inhumé dans le cimetière de cette paroisse le corps de dame Marguerite Prévost, receveuse de cette paroisse, *aussi recommandable par son amour pour Dieu que par ses charités pour les pauvres*, épouse de monsieur Antoine Picou, décédée hier, munie des sacrements de l'Église, âgée de cinquante ans environ, laquelle inhumation a été faite par monsieur Le Neveu, curé et doyen d'Assi, en présence de monsieur son mari, d'Antoine Picou, receveur à Manœuvre, de monsieur Cadot, seigneur des haut et bas Assi, neveu, de monsieur Prévost, de Chevreville, son frère, de monsieur Prévost, de Bouillancy, aussi son frère, de monsieur Béjot, son beau-frère, de monsieur Trophime Picou, son fils, et des témoins soussignés.

Cet acte nous fait voir en outre qu'Antoine Picou, son mari, avait cédé sa ferme de Manœuvre à son fils aîné, Antoine, lorsqu'il l'avait marié, trois ans auparavant.

Antoine Picou resta veuf pendant vingt-un ans et mourut à Vincy, lui, l'orphelin de quinze mois, à l'âge de quatre-vingt-six ans, le 1er février 1787.

En mourant, il n'avait pas oublié ses serviteurs fidèles; il en avait recommandé spécialement deux à ses enfants. Ceux-ci se conformèrent à sa volonté en leur constituant une somme de cent cinquante livres de rente « *viagère,* « *franche et exempte de la retenue de toutes impositions* « *royales, présentes et futures, prévues et imprévues.* »

Voici l'extrait de l'acte de partage qui consacre cette constitution de rente, constitution autant à la louange du père mourant qui l'a recommandée à ses enfants, qu'à la louange des héritiers qui l'ont constituée :

Par ces mêmes présentes, les dites parties ès-dits noms, par égard à la mémoire du dit défunt, sieur Picou, pour laquelle ils ont le plus grand respect, et pour exécuter la bonne intention dans laquelle il était en faveur de : 1° Marie-Marguerite Grimbert, veuve de défunt Éloy Grignon, qui est restée à son service pendant l'espace de trente ans, pendant lequel tems elle a toujours eu les plus grands soins, attentions et égards possible pour le dit défunt sieur Picou; 2° Et de Nicolas Grignon, son fils, aussy domestique l'un et l'autre de confiance du dit sieur Picou; Et voulant d'ailleurs remplir avec satisfaction la sage et louable volonté que le dit défunt avait pour eux; Par ces motifs et considérations, les dites parties ès-dits noms ont, par ces présentes, fait, créé et constitué . . . . la somme de cent cinquante livres de rente viagère, etc., etc. (*Liquidation et partage des successions de sieur Antoine Picou, fermier à Vincy, et de demoiselle Marguerite Prévost, son épouse. — Acte Tassu, notaire royal, à Marcilly; 16 février 1787.*)

Après avoir vu les Picou s'établir à Vincy-Manœuvre, il peut être intéressant, en terminant ce paragraphe, de jeter un coup d'œil en arrière, sur ceux qui ont été leurs devanciers.

En 1586, la terre de Manœuvre appartenait à Jean Hennequin, sieur de Manœuvre. Son père, Dreux Hennequin, et sa mère, Renée Nicolaï, l'avaient achetée en 1546, puis agrandie et complétée par différentes acquisitions,

tant à Vincy qu'à Acy. L'aîné de ses frères (ils étaient sept frères et trois sœurs), Antoine Hennequin, était sieur d'Assy. C'était cette famille Hennequin que Henri III appelait la « race ingrate », car, quoiqu'il les ait tous pourvus par ses libéralités de hautes situations à la cour ou dans le clergé, ils étaient d'enragés ligueurs. Ils étaient demi-frères, par leur mère Renée Nicolaï, de Madeleine Lhuillier, dame de Sainte-Beuve, la fondatrice du couvent des Ursulines, de Paris. (*Éloges et Vies des reynes, des princesses et des dames illustres*, par le R. P. Hilarion de Coste, minime. Tome II, p. 223 et suiv.)

Les terres réunies par les Hennequin passèrent dans la famille de Balzac d'Antragues, par le mariage de Catherine Hennequin, dame d'Assy, fille d'Antoine, avec Charles de Balzac d'Antraygues, le favori du duc de Guise, si connu sous le nom d'Antraguet et par son duel avec Quélus et Maugiron, mignons du roi. (*Mme de Sainte-Beuve et les Ursulines*, par H. de Leymont, p. 9.)

Pendant plus d'un siècle, la famille Buisson fournit des tenanciers aux seigneurs de Vincy et de Manœuvre; en 1586, Jean et Pierre Buisson avaient une ferme et 109 arpents de terre, pour laquelle ils payaient neuf muids de froment; en 1698, Antoine Buisson et Françoise de Sacy, Pierre Buisson et Marie Roche et la veuve d'Antoine Buisson, leur mère, fermière à Vincy, pour deux fermes et 324 arpents, payaient 3,650 livres, plus 12 chapons, 1 porc gras, 2 poules d'inde, 2 agneaux, 200 gerbes de froment et 70 livres à payer au curé comme pot-de-vin; plus, défrayer leurs bailleurs, leurs gens et leurs chevaux, durant leurs séjours à Manœuvre; à cette époque, le bailleur était François-Michel de Verthamon d'Aligre. En 1708, les fermiers étaient Paul Hanoteau et Marie Bruneau, sa femme; ils cultivaient les deux fermes au prix de 3,916 livres.

En 1714, Jean Hanoteau et Angélique Gibert, sa femme, les tenaient au prix de 4,250 livres. Après avoir passé entre les mains de Antoine Dauchy et Marie Dupré, de Lizy, sa femme, ces terres furent données à bail, ainsi que nous l'avons dit, à Antoine Picou et Marguerite Prévost, en 1748, au prix de 9,000 livres, par le comte de Guitaud, qui en était alors propriétaire.

La famille Buisson, établie à Vincy depuis 1550, y était restée jusqu'en 1714; de même, les Picou, par eux-mêmes ou par les Harrouard-Richemond, leurs descendants, y ont produit plus d'un siècle de travail continu. Ils ont donné leur impulsion au progrès marquant qui s'est accompli dans tous les fermages, pendant tout le xviiie siècle, et surtout durant la seconde moitié, où la progression fut plus sensible encore. (*Cf.* L. Benoist : *Vincy-Manœuvre.*)

La grande ferme de Vincy appartient actuellement à madame Marjolin et est occupée par Lucien Dubois, un descendant de la famille Sainte-Beuve-Daubigny.

V

LES ENFANTS DE PICOU-PRÉVOST

Antoine Picou et Marguerite Prévost, nous l'avons vu, avaient eu onze enfants; trois d'entre eux, Jeanne-Nicole-Adélaïde, André-Adrien-Nicolas et Marie-François-Nicolas, sont morts en bas âge; il leur en resta donc encore huit, quatre fils et quatre filles.

Chacun de ces huit enfants fut doté d'une même somme de 8,000 livres, tant lors des mariages de ceux qui furent mariés, que pour en tenir lieu à ceux qui ne l'ont point été. (*Liquidation et partage des successions de sieur Antoine Picou et de demoiselle Marguerite Prévost, son épouse. — Tassu, notaire royal à Marcilly, 17 fév. 1787.*)

Cet acte de partage constate que l'actif, au décès de Antoine Picou, se soldait par une somme de 40,862 livres 6 sols net, en sorte qu'il revint à chaque héritier 5,107 livres 15 sols 9 deniers (la livre, en 1787, valait environ 1 fr. 80). Nous remarquons, dans cet acte, que l'année de loyer payée au collège de Navarre, en 1786, fut de 1,330 livres. Il fut payé pour les frais funéraires dudit Picou, ainsi que pour son annuel et recommandation, 106 livres 3 sols. Il fut payé en outre, pour les tailles, des années 1786 et 1787, à Vincy, Rosoy et Acy, 637 livres 3 sols 6 deniers. D'un autre côté, nous voyons qu'Antoine Picou percevait des droits de *surcens* en qualité de fermier dudit collège de Navarre.

§ 1.

Antoine Picou, l'aîné des fils, épousa **Nicole-Angélique Gibert**, fille de Bernard Gibert, receveur de la terre et seigneurie de Rosoy, et de Etiennette-Angélique Paris; le mariage fut célébré à Rosoy-en-Multien, le 5 juillet 1763. Son père lui avait cédé la ferme de Manœuvre, qu'il lui reprit plus tard pour la donner à son frère Pierre Trophime et lui céder, en échange, la grande ferme de Vincy, ne gardant pour lui, qui commençait alors à prendre de l'âge, que l'exploitation des cent et quelques arpents de la ferme de Navarre.

Nous ne suivrons pas la famille Gibert dans ses innombrables ramifications; elle était, au moment où elle contracta ses premières alliances avec les Picou, une des familles les plus nombreuses du Multien (1).

Constatons seulement que : en 1658, un Claude Gibert était notaire royal au Chastelet de Paris, institué au bourg de Lizy-sur-Ourcq. En 1660, Guillaume Gibert était meu-

nier à Lizy. En 1702, Antoine Gibert était acquéreur d'une charge de syndic à Mary-sur-Marne. En 1714, nous avons vu Jean Hanoteau et Angélique Gibert, fermiers à Vincy.

En 1721, Marguerite Buisson, veuve de Claude Gibert, seigneur de Rosoy (1), était propriétaire de la ferme dite « le Pré Gault », à May-en-Multien. Il y avait, en 1721, un Bernard Gibert, receveur de Mortefontaine; un Guillaume Gibert, receveur de Rozoy; un Jean-Baptiste-Alexandre Gibert, conseiller du Roi, agent de change; un Bernard Gibert, laboureur à Baron; en 1729, un Charles Gibert était laboureur à Rozoy, et Antoine-Thomas Gibert était marinier ou voiturier par eau à Mary-sur-Marne.

Les Buisson étaient alliés, en 1672, aux de Sacy et aux Gibert.

Les Gibert s'allient aux Hannoteau, qui s'établissent à Vincy en 1714.

Les Picou alliés aux Prévost, et les Prévost aux de Sacy, s'allient ensuite avec les Gibert, que nous allons rencontrer plusieurs fois par la suite; nous verrons d'abord se former quatre alliances directes, sans compter celles de la famille Harrouard-Richemond.

Ces Gibert ont formé en outre, très fréquemment, des alliances cousanguines et dans chaque ménage les enfants étaient nombreux. En 1774, le 6 octobre, à Rozoy, nous avons vu dix Gibert signer, comme témoins, un acte de mariage où ils étaient tous qualifiés frères ou cousins.

En 1787, Antoine Picou, dans l'acte de partage du 17 février, était qualifié : procureur fiscal du baillage et marquisat de Manœuvre et receveur de la terre et seigneurie de Vincy. Plus tard, en 1796, après la Révolution, il fut maire de sa commune ou plutôt agent municipal, suivant la dénomination de l'époque.

De son mariage avec Nicole-Angélique Gibert, il n'eut point d'enfant. Il mourut en 1798, à l'âge de soixante-trois ans; nous aurons occasion de reparler de lui et de sa conduite, en 1789 et 1790, lorsque nous aurons parlé de son cousin Nicolas Tronchon, auquel nous avons dit que nous consacrerions un paragraphe spécial.

§ 2.

Pierre-Trophime Picou, le second des fils de Picou-Prévost, fut marié à **Antoinette-Jeanne Barbier**, fille de Michel Barbier, laboureur à Villiers-le-Sec,

---

(1) Voir note **J**, p. 32.

(1) Voir note **K**, p. 32.

et de Marie-Anne Mignan. Le mariage eut lieu à Dammartin, le 26 juillet 1768 ; le prêtre officiant était Michel-Nicolas Barbier, prêtre, bachelier en théologie de la Faculté de Paris, et vicaire de la paroisse de Saint-Marcel de Saint-Denis en France, frère de la mariée. (Il fut plus tard curé à Arnouville, puis à Gonesse.)

Pierre-Trophime eut, comme nous venons de le voir, d'abord la ferme de Manœuvre en se mariant, puis après la mort de son père, en 1787, il s'adjoignit celle de Navarre, dont il se rendit acquéreur en 1796 (19 messidor an iv), au moment de la vente des biens nationaux, et où il mourut, en 1813, âgé de soixante-seize ans. Nous aurons occasion de reparler de lui, en même temps que de son frère et de Nicolas Tronchon.

De ses sept enfants, trois seulement dont nous nous occuperons ci-après, lui ont survécu.

Antoinette-Jeanne Barbier, sa femme, était décédée en 1789, à l'âge de cinquante et un ans. A son enterrement avaient assisté : Michel-Nicolas Barbier, curé de Saint-Nicolas, de Gonesse, son frère ; Grégoire Farondel, ancien curé du Plessis-Placy et ancien doyen d'Acy ; Pierre-Benoist Berger, curé de Rosoy ; Nicolas-Claude Froideau, curé de Trocy ; Jean-Louis Picard, curé d'Acy ; Pierre-Siméon Jamet, vicaire d'Acy ; Antoine Picou, fermier à Vincy, beau-frère de la défunte ; Charles Picou, marchand épicier à Lizy ; Nicolas-Henry Picou, Aubry Pasquier, fermier à Rouvres, tous trois aussi beaux-frères ; Félix-Léopold Gibert, fermier à Nanteuil-le-Haudouin, neveu, et Nicolas Tronchon, fermier à Fosse-Martin, cousin. Un tel concours de parents montre combien cette famille était unie et l'estime qu'elle portait à la défunte.

§ 3.

Charles Picou, le troisième des fils de Picou-Prévost, épousa, lui aussi, une demoiselle **Gibert (Marie-Jeanne-Antoine)**, fille de Antoine-Thomas Gibert, marinier à Mary-sur-Marne, et de Jeanne Thibaut ; elle était veuve de Jean-Laurent Le Roux, épicier à Lizy-sur-Ourcq. Ce Jean-Laurent Le Roux était lui-même fils de Claude Le Roux et de Catherine Harrouard de Richemond, et, par conséquent, cousin germain de Jean-Pierre-Denis Harrouard, dont nous verrons bientôt un fils contracter alliance avec la famille Picou.

Charles Picou, en épousant sa femme, épousa aussi la boutique d'épiceries. Négociant, il fut une des notabilités de sa ville. Le 7 mars 1789, il était l'un des signataires des *Cahiers des doléances, plaintes et remontrances des gens du Tiers-État, du baillage de Lizy-sur-Ourcq*, et le 4 août suivant, il était l'un des membres élus qui formaient le Conseil de la Communauté. (L. Benoist : *Lizy*, pp. 158 et 247.)

Il mourut en 1817 et laissa un fils, Alexandre Picou, qui se maria à Marcilly, le 5 septembre 1803, avec Marie-Augustine Heurlier, fille de Jean-Augustin Heurlier (qui fut maire de Marcilly), et de Jeanne-Françoise Solvet.

Alexandre fut d'abord, comme son père, épicier à Lizy-sur-Ourcq, puis épicier à Meaux ; il laissa trois filles, dont deux épousèrent, le même jour, à Meaux, le 28 avril 1828, les deux frères, Amable et Eugène Bertrand, tanneurs-mégissiers dans la même ville.

§ 4.

Nicolas-Henry Picou, le quatrième des fils de Picou-Prévost, beaucoup plus jeune que ses frères, puisqu'il était le dernier de tous les enfants, n'était pas encore marié lors du décès de son père (1er février 1787) ; il était établi marchand de blé à Mary-sur-Marne. Il se maria le 4 juin de la même année avec **Marie-Nicole-Victoire-Élisabeth Claudin**, fille de Louis Claudin, marchand à Germiny-l'Évêque, et de Marie-Anne-Henriette Belligon. Le mariage fut célébré à La Ferté-sous-Jouarre. Son avoir était alors bien modeste, car, lors de la liquidation de la succession de son père, il avait touché, comme ses frères, 8,000 livres de dot, et, néanmoins, après le partage, il était redevable d'une somme de 675 livres 2 sols 3 deniers à la succession.

Nous revoyons Nicolas-Henry assister à l'enterrement de sa belle-sœur, le 17 avril 1789 ; puis ensuite nous ne trouvons plus trace de ce ménage. Les époux sont-ils venus à Paris, ont-ils disparu dans la tourmente révolutionnaire ? nous ne pouvons le savoir ; mais il est certain qu'ils n'étaient pas présents, ni représentés par aucun descendant, lors de la liquidation de la succession ouverte à Vincy, le 30 messidor an vi (19 juillet 1798), par la mort de Antoine Picou, le frère aîné, décédé sans enfant.

Nicolas-Henry s'était marié en 1787, et onze ans plus tard, en 1798, il n'existait plus, et, n'ayant pas laissé d'héritier, cette succession a été partagée entre les six frères et sœurs survivants.

§ 5.

Marguerite-Suzanne Picou, l'aînée des filles, épousa **Louis-Alexandre Gibert**, fils de Antoine Gibert, receveur de la terre et seigneurie d'Assy, et de Marie Ivonnet ; il était né à Acy, le 1er juin 1730. Suzanne Picou et Alexandre Gibert furent fermiers à Nanteuil-le-Haudouin. Des six enfants qu'ils eurent, une seule, Marie-Alexandrine-Suzanne Gibert, fut mariée avec son cousin Félix-Léopold Gibert, écuyer, que nous retrouverons cultivateur à Chevreville, en 1816. Louis-Alexandre Gibert était mort avant 1787 ; sa femme était veuve lors du partage des biens de son père, dont nous avons parlé précédemment.

§ 6.

Marie-Victoire-Nicole Picou, la seconde fille de Picou-Prévost, épousa, à Nanteuil-le-Haudouin, le 27 juillet 1767, **Pasquier Aubry**, laboureur à Rouvres, fils de Pasquier Aubry et de Geneviève-Angélique Gibert. Ce nom de Pasquier est ici donné comme nom de baptême ; on le rencontre souvent ainsi sur les registres de la contrée, il ne doit pas être confondu avec le même nom, porté par une famille Pasquier, qui compte encore des descendants à Meaux et aux environs, et dont un membre fut allié aux Picou.

Pasquier Aubry eut six enfants, dont deux fils et quatre filles :

1° L'aîné, Pasquier-Antoine Aubry, fut le parrain de Pierre-Antoine Picou, avec Marie-Anne Chéron, qui fut la marraine. Il était laboureur à Étavigny ; il épousa, le

8 novembre 1792, à Crouy-sur-Ourcq, sa cousine, Reine-Louise-Nicole Aubry.

2° Marie-Victoire Aubry, l'aînée des filles, épousa, à Rouvres, le 20 juillet 1790, Jean-Jacques Lavoisier, fermier en la ferme de Chennevières, paroisse de Neufchelles. C'est de cette famille Lavoisier, très répandue dans le Valois et le Soissonnais, que descendait Lavoisier, le grand chimiste qui périt si malheureusement sur l'échafaud, le 8 mai 1794.

En 1640, un Guillaume de Lavoisier était propriétaire du fief des Marchais, à Coulombs. De 1770 à 1780, un Lavoisier, notaire à Congis, prenait le titre de notaire royal.

3° Antoinette-Éléonore Aubry épousa à Rouvres, le 18 juin 1793, Nicolas Seillier, laboureur au Luat (Oise).

4° Alexandrine-Joséphine Aubry, épousa à Rouvres, le 15 pluviose an III (3 février 1795), Jean-Baptiste Hermand.

Un des fils de Jean-Baptiste Hermand, Louis-Victor Hermand, est plusieurs fois cité par M. L. Benoist comme bienfaiteur de Crouy-sur-Ourcq.

5° Henriette-Adélaïde Aubry épousa à Rouvres, le 3 ventose an V (21 février 1797), Florent-Guillaume Borniche, cultivateur à Isles-les-Villenoix.

Enfin, il y avait encore un fils, Bernard-Trophime Aubry, né le 3 décembre 1774, dont le parrain fut Pierre-Bernard Aubry, épicier à Paris, Porte Saint-Martin, et la marraine, Antoinette Jeanne Barbier, femme de Pierre-Trophime Picou, de la paroisse de Vincy.

§ 7.

Marie Fare et **Marguerite-Félicité Picou**, les deux dernières filles de Picou-Prévost, se vouèrent à l'état religieux; pour cela, elles cédèrent leurs dots à leur sœur aînée, Mᵐᵉ Gibert, de Nanteuil, qui, en échange, leur payait une rente viagère.

Nous avons sous les yeux un acte de Mᵉ Dupré jeune, notaire à Paris, du 5 décembre 1776, par lequel Louis-Alexandre Gibert, laboureur à Nanteuil-le-Haudouin, époux de Marguerite-Suzanne Picou, crée et constitue une rente de 450 livres à sa belle-sœur, Marguerite-Félicité Picou, alors religieuse au couvent des Dames de la Madeleine, à Paris, rue des Fontaines-du-Temple; cette constitution était faite moyennant le versement de la somme de 7,000 livres.

Le 14 février 1787, par acte fait à Paris, au parloir du couvent, par Mᵉ Le Sacher et son collègue, notaires à Paris, demoiselle Marie-Fare Picou, religieuse au couvent de la Madeleine, sous le nom de sœur Sainte-Suzanne, et demoiselle Marguerite-Félicité Picou, religieuse au même couvent, sous le nom de sœur Saint-Joseph, *demeurantes toutes deux au dit couvent établi à Paris, rue des Fontaines, quartier du Temple, paroisse Saint-Nicolas-des-Champs*, donnèrent procuration à leur frère Pierre-Trophime Picou, pour faire procéder à l'inventaire des successions de leurs père et mère.

Enfin le 3 mars 1787, par acte de Mᵉ Maigret, notaire au Châtelet de Paris, les demoiselles Marie-Fare Picou et Marguerite-Félicité Picou sœurs, toutes deux religieuses au couvent des Dames de la Madeleine, firent le transport au profit de Nicolas-Henry Picou, négociant à Mary-sur-Marne, de tous leurs droits successifs qui leur appartenaient dans la succession du sieur Picou, leur père, moyennant une somme de 10,000 livres, dont 5,000 livres pour chacune des demoiselles Picou; en déduction de laquelle somme elles reçurent 5,000 livres en espèces et une rente viagère de 500 livres, dont 250 livres pour chacune d'elles.

Mais les vœux, tout au moins pour **Marguerite-Félicité**, n'étaient pas encore prononcés irrévocablement, car nous la voyons, en 1788, domiciliée rue Grenéta, paroisse Saint-Leu, et le 15 mai, contracter mariage avec **Georges-Dominique-Damiens de Courcelles**, maître de pension à Paris, rue Neuve-Saint-Augustin, paroisse Saint-Roch. Le mariage fut célébré en l'église Saint-Leu; les nouveaux époux n'étaient pas jeunes, elle avait quarante ans et lui en avait cinquante et un; ce qui ne les empêcha pas de stipuler le cas d'enfants dans leur contrat de mariage, en date du 30 avril 1788 (Mᵉ Guillaume, notaire). Dans ce contrat, les apports furent établis ainsi :

Art. 3. — Les biens du futur époux consistent dans le fonds de sa pension, meubles meublants, effets et ustensiles de ménage qu'il estime valoir 1,800 livres, en sus des dettes passives qu'il estime valoir environ 40 livres.

Art. 4. — Ceux de la future consistent en 700 livres de rente à elle due par le sieur Léopold Gibert, fermier à Nanteuil-le-Haudouin, et le sieur Picou, frère de la demoiselle, demeurant à Mary-sur-Marne ; plus ses habits, effets, etc.

La pension fut transférée rue d'Antin, numéro neuf cent dix-neuf (*sic*), division Lepelletier, où nous voyons le ménage de Courcelles-Picou établi le 30 juillet 1798.

Le mariage ne laissa pas d'héritier et probablement aussi peu d'héritage, et Georges-Dominique-Damiens de Courcelles mourut à l'hôpital Beaujon le 12 décembre 1816. Sa veuve alla rejoindre sa sœur Marie-Fare, qui elle aussi, était sortie du couvent au moment de la fermeture des établissements religieux pendant la Révolution.

Elles vécurent quelque temps à Pierrefonds, puis vinrent toutes deux habiter Meaux, où elles moururent à quelques jours de distance, pensionnaires à l'Hôpital général, en 1826.

Marguerite-Félicité avait, par testament, institué sa nièce, Mᵐᵉ Verline, sa légataire universelle, à charge par elle de payer ses dettes et de faire dire cent messes pour le repos de son âme, et lui recommandant de lui faire un enterrement simple, préférant avoir quatre messes dites en plus. Sa légataire exécuta fidèlement ses dernières volontés mais fut obligée, pour couvrir les frais, d'y mettre de ses propres deniers. (*Correspondance de famille.*)

VI

NICOLAS TRONCHON

Nous avons dit plus haut que nous consacrerions un paragraphe à **Nicolas Tronchon**; notre intention est de porter à la connaissance de notre famille un service public qu'il a rendu à la ville de Meaux et auquel les deux frères **Antoine Picou** et **Pierre-Trophime Picou** ont été mêlés dans une certaine mesure.

Nicolas Tronchon, par sa femme, Marguerite-Suzanne-Charlotte Prévost, née à Vincy-Manœuvre, le 29 octobre 1754, était le neveu de Picou-Prévost (1), cousin germain par conséquent de Antoine et de Pierre-Trophime Picou. Une cordiale union régnait entre les deux familles, la fréquence de leurs relations est attestée par les nombreuses cérémonies, baptêmes, mariages, etc., où ils assistaient les uns et les autres, soit comme parrains, marraines ou témoins; la tradition de la famille était que dimanche on se réunissait toujours chez l'un ou chez l'autre, et cela sans invitation préalable, on regardait quelle était la cheminée qui fumait et on y allait.

Pour arriver au fait que nous voulons faire ressortir, nous n'avons qu'à laisser parler M. A. Carro, l'historien de la ville de Meaux, car c'est d'un fait historique qu'il s'agit :

La récolte de 1788 avait été mauvaise, et la disette se fit sentir en 1789. Meaux dut beaucoup alors à un homme dont le nom restera toujours en honneur dans sa population. M. Nicolas Tronchon, né en 1759, à Marcilly, cultivateur à Fosse-Martin, avait été assez heureux pour voir ses récoltes épargnées ; il avait ses greniers abondamment garnis. Il pouvait resserrer sa vente, attendre les plus hauts cours ; il aima mieux, en homme de cœur, rendre service à son pays, et ne cessa d'envoyer avec un rare désintéressement de larges provisions de blé sur le marché de Meaux, sans se préoccuper de la fortune rapide qu'il aurait pu faire au moyen d'une spéculation fort simple.

Destiné au barreau, par sa famille, Tronchon, que l'affection conjugale, bonheur de toute sa vie, rattacha au séjour des champs, avait été nourri de ces études qui élèvent les âmes d'élite et offrent autre chose à leurs désirs que des avantages purement matériels. L'estime publique le récompensa. La ville de Meaux fit frapper en son honneur une médaille qui lui fut remise solennellement; une gravure qui se trouve encore chez nombre de familles du pays retraça ce fait.

Voilà ce que nous voulions faire connaître; continuons de transcrire cette biographie; nous y reviendrons tout à l'heure :

Nommé par ses concitoyens à l'Assemblée législative, qui succéda aux Etats-Généraux, Tronchon fit partie depuis, sauf une lacune de 1822 à 1826, de toutes les Assemblées représentatives.

Ce fut à lui, qu'au 10 août 1792, un grenadier resté inconnu remit le Dauphin, en lui disant : « Je vous remets ce dépôt sacré, je sais à qui je le confie. » Il ne pouvait le confier à un plus honnête homme (1).

M. Tronchon qui, d'après la nouvelle division de la France, appartint alors à l'arrondissement de Senlis, mourut à Saint-Soupplets, en 1828. Nous avons dit que la ville de Meaux avait donné son nom à l'une de ses rues. Un digne et éloquent tribut de reconnaissance lui fut payé sur sa tombe, dans un discours que l'honorable M. Bully, alors principal du collège de Meaux, prononça.

(A. Carro : *Histoire de la ville de Meaux,*
pp. 400 et 401.)

Après avoir rendu à Nicolas Tronchon tout l'honneur qui lui revient, et sans vouloir diminuer en rien son mérite, nous allons chercher à établir la part que l'on peut tirer des faits racontés par l'historien de Meaux pour l'attribuer à Antoine Picou et à Pierre-Trophime, son frère.

Le 6 novembre 1789, le président du Comité des subsistances de la ville de Meaux, en remettant à Nicolas Tronchon la médaille que la reconnaissance de ses concitoyens l'avait chargé de lui décerner, prononça un discours à l'adresse du bienfaiteur que la ville honorait.

Dans ce discours, que nous n'avons pas pu retrouver dans les archives de Meaux, et que nous empruntons à M. Le Blondel, il lui adressait les éloges que sa conduite avait mérité, en ces termes :

. . . . , au seul nom de Tronchon, que vous avez su nous rendre si cher, tous les membres respectables de l'assemblée sentent réveiller en eux les plus agréables souvenirs... », lui disait-il, et il ajoutait : « Tous se font fête de posséder en vous, en ce moment, le cultivateur laborieux, l'homme bienfaisant, le citoyen utile... »

A ce discours, Nicolas Tronchon répondit :

Messieurs, lorsque je me suis empressé de fournir à vos besoins toute la portion de subsistance qu'il était en mon pouvoir de vous procurer, je n'ai fait que remplir un devoir sacré pour moi. . . . . Ces sentiments, messieurs, ne m'étaient pas particulier; *vous avez vu plusieurs cultivateurs* les manifester *comme moi.* . . . .

(E. Le Blondel : *Petit trésor de pièces rares.*)

A qui s'adressait ce sous-entendu? A son voisin d'abord, M. Boucher, fermier à Nogeon, dans la même commune que lui; cité avec lui, comme exemple, dans la séance du Conseil des subsistances du 24 août 1789; mais la ferme de Nogeon, habitée par M. Boucher, et celle de

---

(1) Voir tableau **IV**.

(1) Voir note **L**, page 32.

Fosse-Martin, habitée par Tronchon, sont situées dans la commune de Reez-Fosse-Martin et touchent les terres d'Antoine Picou, de Vincy, et de son frère, de Manœuvre, à l'est, et celles de D'huicque, de Bregy, à l'ouest; les trois communes sont limitrophes. Nous avons avons dit qu'ils étaient cousins, ils étaient voisins aussi. Si les récoltes de Tronchon, de Fosse-Martin et de Boucher, de Nogeon, avaient été épargnées, il est fort probable que celles des MM. Picou, de Vincy et de Manœuvre, le furent également et que leur voisinage, leur parenté ont pu les inciter à suivre l'exemple de Tronchon et peut-être même à être son collaborateur. Dans ce cas, une part dans ce sous-entendu pourrait donc bien leur revenir.

Ce qui nous suggère cette idée et nous conduit à cette supposition, que nous voudrions bien pouvoir changer en certitude, c'est ce qui se passa un an plus tard.

Une gravure (dont parle M. A. Carro), dessinée par Meunier, gravée par Nicolas Ponce, fut offerte l'année suivante, le 2 octobre 1790, à la municipalité meldoise par MM. Picou, de Vincy, Picou, de Manœuvre, D'huicque, de Bregy, et de Corby, de Charny.

Voici la copie textuelle de la délibération prise à cette occasion :

Le Conseil municipal, assemblé par la présence de MM. Chéron, Chechin, Lucy, Robiche et Girault, officiers municipaux, et Gouest, procureur de la commune, sont entrés : MM. Picou, de Vincy, Picou, de Manœuvre, D'huicque, de Bregy, et de Corby, de Charny, tous quatre cultivateurs, et M. Trémé, greffier de l'élection de cette ville, Lesquels, en présentant à MM. les officiers municipaux une gravure qui représente la cérémonie qui s'est observée lorsque le Comité de subsistance de cette ville a présenté et donné à M. Tronchon, propriétaire et cultivateur à Fosse-Martin, une médaille en reconnaissance des secours en grains qu'il lui avait procurés dans un moment de disette, ont dit, M. Trémé portant la parole :

« Messieurs,

« Si cette image que nous vous offrons est, *pour la postérité*, « l'interprète de vos sentiments, *l'hommage que nous vous en* « *faisons* est celui de notre reconnaissance. »

Sur quoi, ouï le procureur de la commune,

L'assemblée, après avoir reçu la gravure qui lui a été présentée, a arrêté qu'elle serait et elle a été placée sur la boiserie de la grande salle de l'Hôtel de Ville, en face du bureau de la municipalité.

Et pour donner à M. Tronchon et *à ses parents* successeurs les *témoignages de reconnaissance de la ville*, il a été aussi arrêté qu'il leur serait délivré, à chacun, expédition du présent procès-verbal.

(Archives municipales de Meaux.)

On peut se demander pourquoi MM. Picou, de Vincy, Picou, de Manœuvre, D'huicque, de Bregy, et de Corby, de Charny, ont pris l'initiative de faire faire une gravure et de l'offrir à la municipalité ?

La réponse nous paraît assez simple :

Ou, *s'ils n'ont pas été les collaborateurs* de M. Tronchon dans son acte de bienfaisance, c'est qu'ils n'ont pas pu, faute de récoltes suffisantes; mais ils ne s'en montrent pas moins ses admirateurs, et de leur démarche même se dégage l'expression de leurs regrets.

Ou, *s'ils ont été ses collaborateurs*, ce que nous croyons probable, il leur revenait une part d'honneur, que la municipalité meldoise leur accorda en inscrivant leurs noms dans le procès-verbal de cette séance du 2 octobre 1790 et en leur en remettant une copie.

En tous cas, ils ne demandaient rien pour eux, ils voulaient seulement que le souvenir de l'hommage mérité par Nicolas Tronchon ne s'effaçât pas de la mémoire de leurs concitoyens; ils y parvenaient en faisant placer, d'une façon permanente, la gravure qui représente cette cérémonie, dans la salle de l'Hôtel de Ville, c'est-à-dire dans un lieu public et accessible à tous.

Cette démarche nous montre leur désintéressement et nous fait voir qu'ils avaient le cœur assez haut placé pour reconnaître tout le mérite du dévouement de leur parent.

Nicolas Tronchon (1) avait sa médaille chez lui; les Alliés, paraît-il, ne l'ont pas respectée. La gravure à la mairie avait aussi disparu; elle y a été replacée par une gracieuse et délicate attention de Mme Louis Geoffroy, née Marie-Louise Borniche, et descendante des Tronchon, dont le mari a été maire de Meaux, et nous l'avons vue dans la salle du Conseil.

(1) Voir note **M**, page 32.

VII

LES ENFANTS DE PICOU-BARBIER

Nous avons dit plus haut que Pierre-Trophime Picou et Antoinette-Jeanne Barbier avaient eu sept enfants (1).

Deux sont morts en venant au monde, l'un en 1769, l'autre en 1775. Un garçon, Antoine-Trophime, mourut jeune, avant 1789, et une fille, Marguerite-Trophime, est morte à Maulny, commune d'Etrepilly, à l'âge de trente ans, sans avoir été mariée.

Les trois enfants qui ont survécu sont : 1° une fille, Anne-Antoinette; 2° sa sœur cadette, Rose-Honorine-Julie; 3° leur frère, Pierre-Antoine, qui tous les trois ont été mariés.

§ 1.

L'aînée des filles, **Anne-Antoinette** (2), fut mariée, en 1792, avec **Claude-Victor Harrouard-Richemond**. Nous ne connaissons ni la date de ce mariage ni le lieu où il a été célébré; mais nous savons qu'un contrat de mariage avait été signé à Marcilly, le 6 janvier 1792. (Mᵉ Tassu, notaire.) Claude-Victor Harrouard-Richemond était fils de Jean-Pierre-Denis Harrouard, cultivateur à Lizy-sur-Ourcq, et de Charlotte-Constance Gibert (sœur de Angélique-Nicole Gibert, la femme d'Antoine Picou).

Anne-Antoinette Picou perdit son mari après à peine dix-huit mois de mariage; elle épousa en secondes noces **Louis-Augustin Gibert,** fils de Nicolas Gibert, cultivateur à Baron (Oise), et de Geneviève-Julienne de Mouchy, qui fut agent municipal, puis maire de la commune de Vincy; elle continua avec ce nouvel époux l'exploitation de la ferme de Navarre, que son père lui avait cédée, et éleva Victor-Trophime Harrouard-Richemond, le fils qu'elle avait eu de son premier mari.

La famille Harrouard a compté aussi dans son sein des hommes de valeur.

En 1727, Pierre Harrouard était syndic de la paroisse de Mary-sur-Marne. (L. Benoist : *Notice sur Mary,* p. 11.)

En 1739, Harrouard de Richemond, au Plessis-Placy, et Antoine de Richemond, à May, étaient fermiers solidaires au Plessis-Placy. (L. Benoist : *Notice sur Plessis-Placy,* p. 47.)

En 1770, sur le rôle de la taille de Lizy, Jean-Pierre-Denis Harrouard est porté pour une taille de 849 livres, comme tenant deux fermes du seigneur, d'une contenance de 389 arpents. (L. Benoist : *Notice sur May,* p. 89.)

François-Ambroise Harrouard a été un bienfaiteur de Lizy-sur-Ourcq; son nom, en reconnaissance, a été donné à la place publique de la ville.

Lors de la réorganisation de la garde nationale de Lizy, Pierre Harrouard-Richemond en fut nommé le commandant (15 septembre 1793). Ancien soldat, il déposa sur le bureau du conseil le brevet et la croix de chevalier de Saint-Louis, qu'il avait gagnés au service de la France. Il obéissait à un décret aveuglément égalitaire de la Convention, en se dépouillant de l'insigne du mérite le moins contestable de tous, surtout aux yeux des patriotes, du mérite militaire. (L. Benoist : *Notice sur Lizy,* p. 168.)

Le fils d'Anne-Antoinette Picou, Victor-Trophime Harrouard-Richemond épousa, à Ognes, le 10 novembre 1813 (il avait alors à peine vingt ans), Pauline Lucy (1), fille de Jean-François Lucy, fermier-cultivateur distingué, maire d'Ognes, et de Geneviève-Jeanne Petit. Il fut d'abord fermier dans la ferme de Beauval ou Beauvoir, au Plessis-Placy; il fut, sous Louis-Philippe, l'un des députés représentant l'arrondissement de Meaux. Plus tard, il s'établit à Vincy, dans la Grand'ferme, où il installa une fabrique de sucre dont les résultats, malgré ses efforts, ne répondirent pas au gré de ses désirs. Homme éclairé, esprit libéral, il avait été décoré de la croix de la Légion d'honneur. Il mourut, jeune encore, le 19 décembre 1839, à l'âge de quarante-six ans, laissant deux fils, Victor et Adolphe Harrouard-Richemond, qui continuèrent son exploitation.

Nous donnons ici copie de la nécrologie de Victor-Trophime Harrouard-Richemond, extraite d'un journal de Seine-et-Marne, qui nous a été obligeamment communiquée par une de nos parentes :

Un coup affreux vient de frapper une des plus honorables familles de cet arrondissement et même de l'arrondissement tout entier, tant ce coup a été vivement senti.

Harrouard-Richemond, cultivateur à Vincy-Manœuvre, n'est plus... Une apoplexie l'a enlevé, en peu de jours, à sa femme, à ses enfants et à ses nombreux amis.

Cette perte est bien douloureuse pour quiconque a connu Harrouard-Richemond, tant il possédait à un haut degré ces rares qualités qui concilient l'estime et l'amitié.

A quelque époque de sa vie qu'on le prenne, on le trouve toujours le même.

Au collège, élève distingué, il était considéré et aimé par ses condisciples, c'était leur ami à tous, il était facile de voir alors l'homme qu'il serait un jour.

Son éducation terminée, revenu sous le toit paternel, il fit le bonheur de ses parents, et l'occasion de leur être agréable se présentait-elle, il la saisissait avec empressement, souvent même il la faisait naître. Qui ne se rappelle alors ce bon, cet excellent Richemond... que de souvenirs... que de regrets...

Quoique ayant fait de brillantes études le mettant à même d'arriver aux plus hauts emplois, Harrouard-Richemond n'avait d'autre ambition que le bonheur des champs; il adopta la profession de ses pères, et se livra tout entier à l'agriculture; ses soins n'avaient d'autre but que de rendre heureux ceux qui l'entouraient, son obligeance était inépuisable, sa bienveillance égale pour tous.

(1, 2) Voir tableau I.

(1) Voir tableau II. A.

A ces belles qualités, Harrouard-Richemond joignait les sentiments d'une noble indépendance ; estimé de tous, il fut nommé membre du conseil d'arrondissement, puis ensuite député.

Jamais depuis sa conduite ne s'est démentie un seul instant, toujours on l'a vu apportant dans ses votes cette conscience qui lui valut si justement le titre d'homme de bien.

Ce poste élevé, loin de lui faire oublier sa belle profession d'agriculteur, lui fournit au contraire l'occasion de la favoriser, car c'est à lui qu'on doit la *loi nouvelle autorisant les baux de dix-huit ans pour le bien des hospices ;* il l'a proposée et appuyée avec cette chaleur qui l'animait chaque fois qu'il y avait une bonne action à faire ou une amélioration à introduire.

Un aussi beau caractère ne pouvait rester inaperçu dans la Chambre élective, il faisait honneur à l'agriculture dont il avait tant à cœur de soutenir les intérêts, et le gouvernement, pour l'en récompenser et encourager tant d'autres à marcher sur ses traces, le décora de la Légion d'honneur.

Une position aussi digne et aussi belle ne changea en rien Harrouard-Richemond ; il est toujours demeuré aussi affable et aussi bienveillant pour tous qu'il l'était auparavant, et quand l'inconstance politique le rendit à ses affaires par lui si généreusement quittées pour le bien public qu'il voulait par dessus tout, on peut dire que s'il eut alors des adversaires il n'eut jamais d'ennemis ; la meilleure preuve, c'est que plus de trois cents personnes de toutes les opinions lui rendirent les derniers devoirs.

Ses obsèques ont eu lieu, lundi dernier ; l'église était trop petite pour contenir le nombre de citoyens honorables accourus de toutes parts pour lui dire un éternel adieu. Les quatre coins du poêle étaient portés par MM. Lemaire, cultivateur à Nanteuil-le-Haudouin, député de l'Oise ; Tronchon, cultivateur à Champ-Fleuri, ancien député ; Benoist, notaire à Lisy-sur-Ourcq, membre du conseil général, et Bernier père, cultivateur à May.

MM. Lemaire et Tronchon n'ont pu se séparer de leur ancien collègue sans retracer aux assistants en pleurs le noble caractère de leur ami commun, ses hautes vertus et toute la pureté de son âme.

Nous regrettons de ne pouvoir rapporter ici ces paroles de vérité prononcées avec tant d'émotions ; mais, pour quiconque a connu l'honorable Harrouard-Richemond, il sera facile de savoir ce qu'elles ont été.

Sa respectable mère, plongée dans la douleur la plus profonde, se dit souvent : « Pourquoi ai-je survécu à mon cher fils ?...Devais-je donc voir un pareil malheur ?... » Qu'elle se console, ses larmes, celles de sa tendre épouse et de ses chers enfants ne coulent pas seules ; bien d'autres, non moins amères, se réunissent aux leurs et couleront longtemps encore...

Un des nombreux et bien sincères amis
du bon Harrouard-Richemond.

Au lendemain de cette cérémonie, Pauline Lucy, sa veuve, écrivait cette lettre touchante à Mme Gardin, à Meaux, sa cousine :

Ma bonne Trophime,

J'ai passé une journée bien triste, ma petite amie ; il me semble que c'est un rêve et que l'absence de mon bon cher ami n'est que momentanée ; il me semble qu'il est encore là ! Le moindre train me désole, et moi-même je parle et je marche le plus doucement possible. Que cette illusion ne puisse-t-elle toujours durer, hélas ! Elle me donne, pour le moment, excessivement de forces ! Je t'embrasse, ma bonne amie, et te charge d'être mon interprète auprès de maman Gibert.

PAULINE R...

La pauvre veuve désolée alla rejoindre son mari dans l'autre monde, quatre ans après cet événement ; elle mourut à Meaux, le 9 octobre 1843.

§ 2.

Rose-Honorine-Julie (1), la seconde fille de PICOU-BARBIER, épousa à Vincy, le 23 avril 1799, **Félix-Toussaint-Norbert Verline,** marchand de chevaux à Crouy-sur-Ourcq, fils de PIERRE-FRANÇOIS VERLINE, et de GENEVIÈVE-ÉLISABETH-MADELEINE DUMONT.

Le nom des VERLINE est plusieurs fois cité dans la *Notice historique sur Crouy-sur-Ourcq,* par M. L. Benoist.

---

(1) Voir tableau **I**.

Des rapports de parenté et de voisinage existaient avec les AUBRY, notaire de Crouy et de Coulombs, les HERMAND, les BORNICHE, d'Heurtebie. En 1787, AUBRY, notaire à Crouy, est syndic de la commune, et VERLINE est membre du Conseil ; en 1790, il est l'un des officiers municipaux.

FÉLIX-TOUSSAINT-NORBERT VERLINE eut cinq enfants (1), quatre filles : 1° HONORINE-FÉLICITÉ ; 2° JULIE-CÉSARINE, morte à l'âge de cinq ans ; 3° TROPHIME-ZOÉ ; 4° GENEVIÈVE-SOPHIE ; 5° un fils, PIERRE-NORBERT VERLINE, qui fit son droit, fut clerc d'avoué, puis greffier de la justice de paix de Meaux, et mourut célibataire à l'âge de quarante-sept ans. La plus jeune des quatre filles, GENEVIÈVE-SOPHIE VERLINE, mourut aussi prématurément ; elle avait épousé LOUIS-JOSEPH-CHARLEMAGNE CARDON, marchand épicier à Meaux ; elle mourut après dix-huit mois de mariage en mettant au monde un enfant qui ne vit pas le jour.

HONORINE-FÉLICITÉ VERLINE (2) épousa JEAN-FRANÇOIS PASQUIER, entrepreneur à Meaux, fils de JEAN-MATHIEU PASQUIER et de MARIE-ÉLISABETH-AUGUSTINE RÉGNAULT ; ils eurent pour enfants :

1° HENRIETTE-CAROLINE PASQUIER, qui épousa, le 21 avril 1845, LOUIS-FRÉDÉRIC DUFLOCQ ;

2° JACQUES-CHARLES PASQUIER, marié à Paris, le 21 décembre 1861, avec JOSÉPHINE-HÉLOÏSE MALLY ;

3° CÉLESTE PASQUIER, mariée à Meaux, le 30 novembre 1846, avec ADOLPHE LAPERCHE. Céleste Pasquier mourut à Paris, le 8 septembre 1852, des suites de ses secondes couches ; son mari, Adolphe Laperche, se remaria l'année suivante, à Vervins (Aisne), avec LOUISE-VICTORINE DAVAL ;

4° ÉTIENNE VALENTIN PASQUIER, qui mourut célibataire, le 15 octobre 1888, à l'âge de 57 ans.

Après la mort de sa femme, JEAN-FRANÇOIS PASQUIER épousa en secondes noces VICTOIRE-ALEXANDRINE RENOT, veuve de ATTALUS-PHILIPATOR BOUCHER. Femme dévouée, qui sut rendre heureuses les dernières années de son époux, en l'entourant constamment de délicates attentions et en donnant des soins affectueux et dévoués à ses petits-enfants.

TROPHIME-ZOÉ VERLINE (3), la fille cadette de VERLINE-PICOU, était établie marchande de nouveautés à Meaux, depuis plusieurs années, lorsqu'elle se maria avec AMAND-DÉSIRÉ GARDIN, né à Saint-Himer (Calvados), fils de JEAN-PIERRE-FRANÇOIS-RÉMY GARDIN et de MARIE-MADELEINE-VICTOIRE JOUANNE.

Il est curieux de relire la lettre que A.-D. Gardin écrivit pour faire sa demande en mariage. Il était commis-voyageur d'une maison de Paris ; ayant remarqué l'intelligence et l'aptitude de Mlle Verline pour le commerce, il avait résolu de la demander en mariage ; pour cela, il était allé à Crouy, chez le papa de la jeune fille, mais il en était revenu sans avoir parlé. Alors il écrivit :

Paris, 18 décembre 1832.

Mon départ précipité m'a empêché d'avoir avec vous un entretien qu'il était de mon devoir de provoquer, ce que j'eusse fait sans l'arrivée de quelques convives, car je devais vous dire au moins l'objet de ma visite, quoique vous n'en ignorassiez pas le motif et que M. Néron en ait fait toutes les avances ; je vous prie de recevoir ma demande de la main de Mlle Trophime et m'excuser une faute aussi grave que j'espère réparer à mon prochain voyage, c'est-à-dire fin c^t.

(1, 2, 3) Voir tableau **II B**.

M. Néron se joint à moi pour vous dire mille choses honnêtes, ainsi qu'à votre aimable famille.

Recevez, je vous prie, l'assurance des sentiments respectueux avec lesquels j'ai l'honneur d'être

Votre tout dévoué ami,

A.-D. Gardin.

Malgré ce mécompte et ce retard, le mariage eut lieu à Meaux six semaines après, le 29 janvier 1833.

Homme travailleur, intelligent et droit, admirablement secondé par une femme active et dévouée, il contribua largement, par son travail, à faire prospérer la maison de commerce de nouveautés de Meaux. Il fut juge au Tribunal de commerce et membre du Conseil municipal.

Les soins à donner à sa maison de commerce et à ses enfants, le dévouement à ses concitoyens ne lui firent jamais oublier son père, auquel il donna maintes preuves de son amour filial; ses visites à Saint-Hilmer étaient fréquentes, quoique, en ce temps-là, ce déplacement fût un voyage long et coûteux.

Après sa mort ce fut M. Louis Geoffroy, son ami intime, qui lui dit, au bord de sa tombe, un dernier adieu dans une improvisation, partie du cœur, que nous transcrivons ici :

Messieurs,

Avant de nous séparer, disons un dernier adieu à l'homme de bien qui vient de nous quitter.

Je ne veux pas faire un discours, non; mes paroles seront aussi simples que sa vie toute entière.

Amand-Désiré Gardin était l'homme de ses œuvres; il a dû à sa conduite, à son travail et à ses efforts incessants, la position qu'il s'est conquise au milieu de nous.

Vous l'avez tous connu; il était bon camarade, ami dévoué, mari modèle, père de famille excellent.

A ces qualités, bien d'autres venaient encore se réunir.

Il était d'un esprit droit; le sentiment de justice était surtout en lui dominant, aussi les notables commerçants de ce bel arrondissement l'ont appelé à siéger au milieu des magistrats consulaires honorés et très honorables de cette ville.

Et comme tout révélait en sa personne un homme d'ordre et d'économie, un bon administrateur, ses concitoyens, dont il avait la confiance et l'amitié, l'ont porté au Conseil municipal pour surveiller et défendre les intérêts de la cité, devoir qu'il a toujours fermement rempli.

Mais, messieurs, ce qui parle beaucoup plus haut que mes faibles paroles en faveur de cet estimable commerçant, c'est assurément toute cette nombreuse et bien cordiale assistance.

Heureux celui qui s'en va ainsi avec l'estime générale et les vifs regrets de tous ceux qui ont été à même de l'apprécier.

Adieu, Amand-Désiré Gardin; adieu, au nom de votre belle famille; adieu, au nom de vos très estimés collègues et du Tribunal de commerce et du Conseil municipal; en mon nom tout personnel, adieu.....

Allez, mon cher ami, allez rejoindre là-haut votre femme bien-aimée que tous nous avons connue, que tous aussi nous avons estimée, et là, avec elle jouissez du bonheur céleste que Dieu réserve aux âmes aussi chrétiennes et aussi loyales que les vôtres.

Adieu..... Pour toujours, adieu !

Pour connaître l'homme qui a prononcé ces paroles et lui payer ici un tribut de reconnaissance au nom de la famille, nous ne pouvons faire mieux que de détacher quelques lignes de l'article que M. L. Benoist lui consacre dans sa *Notice sur Crouy-sur-Ourcq :*

Louis Geoffroy, maire de Meaux, avoué honoraire, chevalier de la Légion d'honneur, officier d'Instruction publique, est né à Crouy, le 8 février 1803 . . . . L'homme privé était digne de l'homme public, le fond de son caractère était la bonté, bonté sans limite, bonté sans mesure, ou plutôt c'était tout lui-même. Abord facile et engageant, sûreté dans ses relations, fidélité dans ses amitiés. Chez lui, par un rare privilège, les qualités de l'esprit et du cœur étaient dans une harmonie complète. . . . . même dans le sein des réunions intimes il répandait une vive et aimable gaîté et déridait tous les fronts.

Tel était l'homme dont Amand-Désiré Gardin s'honora, toute sa vie, d'être l'ami intime.

M. et Mme Gardin laissèrent trois filles : Lucie, Trophime et Amélie Gardin.

Les deux aînées Lucie et Trophime, épousèrent le même jour les deux frères Victor et Ernest Martin, et la troisième Amélie Gardin épousa Jean-Camille Robine, marchand bonnetier à Paris.

§ 3.

Nous consacrerons les chapitres suivants au troisième enfant de Picou-Barbier, son fils **Pierre-Antoine Picou**, qui épousa **Charlotte-Victoire Sainte-Beuve**, et à leurs enfants. Ces chapitres nous conduiront dans les communes d'Etrépilly (Seine-et-Marne), de Us (Seine-et-Oise), de Jossigny (Seine-et-Marne) et de Meunecy (Seine-et-Oise), et aussi à Paris.

Ne quittons pas Vincy-Manœuvre sans adresser un salut aux morts qui reposent dans le cimetière. L'ancien cimetière, qui a été aliéné, était derrière le presbytère; un nouveau, situé sur le bord de la route, près du chemin qui conduit à Maulny, l'a remplacé depuis 1810. On y voit au centre une sépulture en forme de chapelle, qui renferme les membres décédés de la famille Harrouard-Richemond, entre autres Anne-Antoinette Picou; puis derrière, sur une même ligne, quatre grandes croix en fer à jour et toutes pareilles, marquent les places où reposent sous de simples tertres gazonnés :

Dame ANGÉLIQUE-NICOLE GIBERT
Veuve PICOU
décédée le 10 mai 1821
a l'age de 76 ans et 4 mois

PIERRE-TROPHIME PICOU
né le 11 avril 1737
décédé le 8 janvier 1813

NICOLAS-HENRI GIBERT
ancien cultivateur a rozières
décédé le 5 juillet 1824
a l'age de 74 ans

LOUIS-AUGUSTIN GIBERT
propriétaire et maire de vincy
décédé le 16 aout 1829
a l'age de 65 ans, 8 mois et 21 jours

Chaque inscription est gravée sur un écusson en forme de cœur attaché après chaque croix.

Cette touchante simplicité parle au cœur et à l'esprit; on ne peut s'empêcher de penser qu'ils sont là, dans leur dernière demeure, toujours réunis en famille.

VIII

PIERRE-ANTOINE PICOU

ET

CHARLOTTE-VICTOIRE SAINTE-BEUVE

Arrivé à cette période de l'histoire de la famille Picou, n'ayant plus à parler que de parents que j'ai tous connus, sauf mon grand-père, les chapitres qui vont suivre seront le résumé tant de mes souvenirs et de mes impressions, que des souvenirs qui m'ont été communiqués par les causeries en famille et surtout par ma mère et ma grand'mère; jamais elles ne manquaient une occasion de faire ressortir à nos yeux, à mon frère et à moi, lorsque nous étions jeunes, les faits et gestes de nos parents, et de nous les présenter comme des exemples à suivre. C'était leur manière de faire notre éducation, bonne méthode qui entretenait et transmettait en même temps les traditions de la famille, qu'elles nous apprenaient, ainsi, à aimer.

Que d'épisodes elles nous ont racontés, que d'exemples elles nous ont cités ou donnés par elles-mêmes; je crains bien que ma mémoire et surtout ma plume ne soient pas à la hauteur de la tâche que je voudrais leur imposer.

§ 1.

Pierre-Antoine Picou est né le 23 septembre 1779, il avait dix ans lorsque éclata la Révolution française; il semble que cet évènement devait laisser un enfant de dix ans bien indifférent, il devait cependant influer sur son instruction.

L'avenir était gros d'incertitudes et laissait entrevoir des symptômes d'orages politiques, qui se sont réalisés. Des parents se décidaient difficilement à se séparer de leurs enfants, pendant des mois entiers, pour les mettre dans un collège ou une bonne institution à la ville prochaine.

C'est ce qui arriva pour Pierre-Antoine. Son père le garda d'autant plus volontiers à la maison, qu'il y avait dans le pays un homme capable de lui donner l'instruction.

Cet homme était HENRY-LOUIS CONGY, curé de Vincy-Manœuvre.

Henry-Louis Congy avait refusé de prêter le serment constitutionnel ordonné par décret de l'Assemblée nationale du 12 juillet 1790. Lorsque son église fut fermée et son ministère devenu impossible, nous dit M. L. Benoist, il resta à Vincy-Manœuvre; il n'hésita pas à recourir au travail manuel, il se fit ouvrier de ferme, moissonnant et semant chez un cultivateur. C'est à lui que fut confié notre jeune Pierre-Antoine; les rapports du maître et de l'élève ont dû être bien agréables, car j'ai souvent entendu dire par ma grand'mère que son mari avait conservé le meilleur souvenir de ce digne homme.

Lorsque Pierre-Antoine Picou se maria, il cultivait la ferme de Maulny (1), commune d'Etrepilly; cette ferme lui était louée par les héritiers du sieur de Maulny, moyennant 4,200 francs par an, outre les impositions, par bail passé devant Mᵉ Tassu, notaire impérial à Marcilly, le 2 vendémiaire an XIV (24 septembre 1805). Il avait, en plus des marchés de terre sur Vincy, Rosoy et Etrepilly, pour 960 francs.

Il épousa, le 7 novembre 1809, **Charlotte-Victoire Sainte-Beuve**, fille de PIERRE SAINTE-BEUVE, cultivateur et maire de Chauvry (Seine-et-Oise), et de MARIE-CATHERINE DAUBIGNY. Par ce mariage, la tradition de faire de belles alliances se continuait; alliance plus belle au point de vue des relations que de la fortune. Aux termes de leur contrat de mariage, la future apportait 2,000 francs de trousseau et 8,000 francs en billets de banque, louis et écus, lesquels furent plus tard, en 1812, augmentés de deux autres mille francs. Le futur apportait son exploitation, estimée 60,000 francs; sur lesquels il en devait 22,000

Comme relations, la future avait sept frères et une sœur; la sœur et les deux frères aînés étaient déjà mariés, les autres le furent tous par la suite, et l'on peut ajouter qu'ils restèrent toujours unis par les liens de la plus cordiale fraternité.

Le mariage fut fait, ou tout au moins facilité, par les relations de voisinage qui existaient entre Marie-Catherine Nicolle Prévost (2), veuve de Charles-Pierre Benoist, cultivateur à Baillet, et Pierre Sainte-Beuve, à Chauvry.

---

(1) Voir la note **N**, page 32.
(2) Voir tableau **IV**.

Les communes de Baillet et de Chauvry se touchent, et l'année précédente, le 27 janvier 1808, Pierre Sainte-Beuve et Mme veuve Benoist avaient fait des échanges de terres ; cette transaction d'affaire se termina par une transaction de famille ; Mme veuve Benoist, qui était la belle-sœur de Nicolas Tronchon, était aussi la cousine germaine de Pierre-Trophime Picou ; c'est en cette qualité qu'ils figurèrent tous les deux comme témoins du contrat dont nous avons parlé plus haut ; les autres témoins furent Michel-Nicolas Barbier, curé d'Arnouville, et Louis-Augustin Gibert, pour le futur ; pour la future, six de ses frères signèrent avec ses père et mère. Ce contrat fut signé le 27 septembre 1809 et le mariage eut lieu à Chauvry, le 7 novembre 1809.

Trois ans plus tard, en 1812, Pierre-Trophime Picou eut la satisfaction de voir le beau-père de son fils, récompensé, lui aussi, pour avoir rendu au village de Chauvry un service analogue à celui que Nicolas Tronchon avait rendu à la ville de Meaux, en 1789.

En effet, on lit dans le *Journal de l'Empire*, du 7 juin 1812 :

M. Sainte-Beuve, cultivateur à Chauvry, près l'Isle-Adam, et père de neuf enfants, a donné tout l'hiver à ses ouvriers, le prix de leur travail en blé, à trente francs le septier ; il a vendu constamment, à tout le monde, son blé dix francs au-dessous du cours.

Pendant le dernier séjour de la reine Hortense, à Saint-Leu, une de ses promenades l'a conduite dans le voisinage de Chauvry, dont M. Sainte-Beuve est maire ; l'éloge qu'elle entendit faire de ce bon citoyen intéressa tellement Sa Majesté, que le lendemain elle lui fit remettre, en son nom, une belle montre à répétition (1) ; en même temps, elle le chargea de distribuer une somme de deux cents francs aux pauvres de sa commune.

Puisque je parle du grand-père Sainte-Beuve, je veux citer un autre fait qui se passa vers la même époque, entre son propriétaire et lui ; quoique obscur dans les détails, ce fait est certain dans son résultat final.

Au moment de la vente des biens nationaux, Pierre Sainte-Beuve avait acheté, à bas prix, les terres qu'il cultivait ; à la rentrée des émigrés, le neveu de son ancien propriétaire se présenta et il lui rétrocéda ces terres pour son prix de débours, alors qu'elles avaient repris toute leur valeur et qu'il aurait pu bénéficier de la différence. A quelque temps de là, Mme la comtesse de La Massais, la tante du réclamant, habitant à Paris, sur le boulevard ou près du boulevard des Capucines, fit, en reconnaissance, cadeau au grand-père Sainte-Beuve, d'un magnifique service de table, composé d'une nappe et de trente-six serviettes.

Ce souvenir, après avoir passé dans les mains d'un frère de ma grand'mère Picou, est actuellement en la possession de mon oncle, Victor Picou, à Saint-Denis, qui l'a reçu de son oncle Amand-Fidel-Constant Sainte-Beuve.

Pierre-Antoine Picou, mon grand-père, termina son bail dans la ferme de Maulny (Etrepilly) ; mais il ne le renouvela pas. Ses relations de famille l'attiraient vers Chauvry, le pays natal de sa femme, dont presque tous les parents étaient cultivateurs dans l'arrondissement de Pontoise. Des parents de Antoinette-Jeanne Barbier, sa mère, qui était née à Villiers-le-Sec, demeuraient aussi de ce même côté. Sachant trouver auprès d'eux la vie calme, l'intimité, la vie de famille qu'il aimait, avec les plaisirs qu'elle procure.

Cette raison suffit pour le déterminer à quitter l'est de Paris, pour venir à l'ouest, dans le joli village de Us.

Us est un village du département de Seine-et-Oise, arrondissement de Pontoise, canton de Marines (ci-devant province de l'Ile-de-France, dans le Vexin, et diocèse de Rouen). Il est situé dans une ravissante vallée où coule la petite rivière la Viosne, toute bordée de prairies.

La ferme de Us, appelée Us-d'Amour, était la propriété de M. de Dampont, descendant des anciens seigneurs de Ws : « Au temps de la Ligue, Jehan de Dampont, seigneur « de Ws et autres lieux, épousa dame Madeleine Le Tur, « le 20 juin 1569. » (H. Le Charpentier : *La Ligue à Pontoise*, p. 23.)

M. de Dampont était maire de la commune, Pierre-Antoine Picou devint son adjoint.

C'est là que mon grand-père passa les plus belles années de sa vie.

Il avait eu à Maulny-Étrepilly quatre enfants, dont Rose Picou fut la seule qui vint à Us ; les trois autres étaient décédés en bas âge ; mais là sa famille s'augmenta d'une autre fille, Adèle Picou, et de deux fils, Antoine-Olivier Picou et Victor Picou ; une dernière enfant, appelée Pauline, ne vécut qu'un an et demi.

C'est au sujet de ces deux derniers qu'il écrivait cette lettre à Mme Verline, sa sœur :

Ws, ce 8 février 1826.

Ma chère sœur,

Je te donne avis que ma femme est accouchée aujourd'hui d'une fille qui se porte bien ainsi que la mère ; malgré les inquiétudes que nous avons sur la position du petit Victor, qui, depuis que je t'ai vue, est dangereusement malade d'une fièvre continue, à la suite d'une inflammation d'estomac, il sera demain au vingt et unième jour de sa maladie, le médecin pense que la fièvre paraît se calmer depuis deux jours ; si la journée se passe bien, il nous fait espérer que le plus grand danger est passé, ce qui nous donne une lueur d'espérance ; tu ne dois pas douter combien je suis tourmenté. Je ne puis dire quand je pourrai aller à Vincy.

Je te prie de faire part de cette nouvelle à Mme Picou (1).

Reçois l'assurance de mon sincère attachement et suis pour toujours

Ton dévoué frère et ami,

Picou.

Ce petit Victor, qui avait alors cinq ans et qui donnait tant d'inquiétudes, est aujourd'hui âgé de soixante-treize ans ; c'est mon oncle.

Mon grand-père était grand de taille, il était brun, bien bâti, large d'épaules et bien d'aplomb ; mais sa santé pendant ses dix dernières années laissait à désirer. Il était instruit ; ses parents, je crois, l'avaient dans sa jeunesse destiné à l'état ecclésiastique ; d'un caractère posé, peu causeur, mais cependant gracieux, aimable en société ; il jouait du violon assez bien pour faire danser les jeunes femmes et les demoiselles lors des réunions de chasse, fêtes de village, etc. Il avait un recueil de chansons gaies et galantes qu'il chantait volontiers.

Vers l'âge de cinquante ans il se coiffait en portant encore la queue, ce qui ajoutait à la gravité de son maintien ; il inspirait ainsi à tous un respect qu'il était facile de constater chez les ouvriers de la ferme, et à ses enfants particulièrement, une sorte de vénération ; jamais aucun d'eux ne se serait permis de faire une observation sur ce que leur père avait décidé.

Mon grand-père a quitté Us pour Jossigny en 1836, où il prit à loyer une ferme aux champs, appelée aussi

---

(1) Cette montre est aujourd'hui en la possession de M. le général Henri-Edmond Sainte-Beuve.

(1) Mme Alexandre Picou, voir tableau I.

Mauny, et appartenant à la famille des barons de Rothschild. A cette date, mon grand-père, par l'âge, la maladie, les soucis d'un changement de ferme, avait blanchi entièrement, les cheveux (dont ma mère me fit souvent voir une mèche qu'elle conservait) et les sourcils étaient blancs, son visage toujours frais et rasé, lui donnaient la tournure imposante d'un patriarche, et il en avait au dire de ceux qui l'ont bien connu, la noblesse de caractère et de cœur.

Il fit un court séjour à Jossigny, car, arrivé en 1836, il vit son mal s'aggraver, et mourut à Paris, chez mon père, le 11 mai 1840, des suites de l'opération de la pierre, opération qui a été faite par le docteur Civiale, chirurgien.

Il avait eu le bonheur, six semaines avant de mourir, de voir marier sa seconde fille, ADÈLE PICOU, avec JULES-ALEXANDRE MONGROLLE. Sa veuve continua l'exploitation de la ferme de Mauny-Jossigny, avec l'aide de son fils aîné, ANTOINE-OLIVIER, qui venait d'atteindre sa vingt et unième année.

<h2 style="text-align:center">§ 2.</h2>

Charlotte-Victoire Sainte-Beuve, ma grand'-mère, est née à Chauvry (Seine-et-Oise), la cinquième de neuf enfants. En 1857, lors de son décès, elle avait soixante-dix ans et j'en avais dix-huit. Quoique bien jeune encore, j'avais eu maintes occasions de reconnaître son excessive bonté, et depuis, lorsque j'eus l'âge d'homme, j'ai pu apprécier ses rares qualités.

Elle était de taille au-dessus de la moyenne, les cheveux châtains. Elle avait peu d'embonpoint; elle aimait à dire à ce sujet qu'elle pesait quatre-vingt-dix-sept livres en été et cent livres en hiver, temps de repos dans la culture.

Elle était d'un caractère décidé, expéditif; elle avait un excellent jugement, discernait aisément la ligne de conduite à tenir, et en temps que cela dépendait d'elle, passait rapidement à l'exécution.

D'une humeur enjouée et toujours égale, elle avait un fonds de gaieté que je trouve dépeint par cette phrase qu'elle écrivait à sa belle-sœur, Mᵐᵉ Verline, dans une lettre datée du 30 octobre 1824 :

Ma chère sœur,

.... M. Picou est très satisfait d'apprendre que Honorine (Mᵐᵉ Pasquier, qui venait d'être mariée) se trouve contente; il l'engage à ne pas empêcher son mari de chanter quand il en aura envie : il faut bien mieux être accompagnée de la gaieté que de la tristesse...

Femme PICOU.

Ma plume ne pourra jamais décrire toutes ses qualités; quoique je puisse dire pour les expliquer, je n'atteindrai jamais à la faire connaître et apprécier, comme l'ont fait tous ceux, sans aucune exception, qui l'ont connue.

Où qu'elle se trouvât, dans quelque société qu'elle fût, ma grand'mère avait la priorité sur tous; sa rectitude de jugement, son bon cœur, son abnégation, lui faisaient la première place et cela simplement, sans l'ombre d'ostentation ou de désir de se faire valoir, de vouloir s'imposer; nul n'était plus modeste, de mise, de caractère, de façon d'être; sa supériorité lui venait de la logique de ses idées; elle gouvernait et régnait sur tous ses frères, aucun d'eux, quand ils étaient réunis, n'aurait décidé quelque chose sans prendre son avis, et c'était toujours ce qu'elle conseillait qui était adopté par tous.

Je citerai comme exemple de ce que j'avance une réunion qui eut lieu à Attainville, chez son frère aîné; réunion, m'a dit ma mère, qui en frères, beaux-frères, sœurs, belles-sœurs, neveux et nièces, ne se composait pas de moins de soixante personnes. On examina ce qu'il était raisonnable de faire pour venir en aide à son frère Louis, qui par suite de diverses circonstances et faiblesse de caractère était dans la gêne.

Chacun avait donné un avis plus ou moins pratique ou plus ou moins généreux; ma grand'mère, parlant la dernière, résuma les avis et décida ce que chacun devait verser annuellement : « toi ceci..., toi cela..., toi plus, parce que..., toi moins, parce que... », et chacun promit et exécuta ainsi qu'elle l'avait réglé, en proportionnant la participation de chacun suivant sa position et ses ressources.

Voilà ce qu'était ma grand'mère dans sa famille : la sœur aimée et respectée de tous ses frères. Pour faire savoir ce qu'elle était comme maîtresse de maison, je n'ai qu'à raconter ce que j'ai vu et entendu à Us, il y a deux ans.

Depuis longtemps, mon oncle Victor Picou désirait revoir le village où il est né, et nous faire connaître, à mon frère et à moi, le pays où notre mère a passé sa jeunesse. Un jour de juin 1892, il nous y emmena, ainsi que sa fille Pauline. Arrivés à Us vers les onze heures, il nous fit visiter le pays ainsi que la ferme d'Us-d'Amour; ensuite dans le village il s'enquit de ceux qu'il avait connus autrefois; il eut la chance de rencontrer deux anciens serviteurs, deux conducteurs de moutons, les frères Dupuis, l'aîné âgé alors de quatre-vingt-huit ans et l'autre de soixante-dix-sept ans.

Je renonce à décrire la joie, le plaisir de ces deux bons vieillards en revoyant le fils de leur ancienne maîtresse; c'est avec effusion qu'ils l'ont embrassé.

Puis naturellement la conversation a roulé, toute l'après-midi, sur le temps où la famille Picou habitait Us; sur « mam'zelle Rose », dont ils nous félicitèrent d'être les fils; « mam'zelle Adèle, qu'était toujours un brin délicate »; l'un d'eux faisait pour elle la récolte des escargots pour lui faire de la tisane. Ces messieurs Dupuis étaient les neveux de Jacques Maxi, ancien berger, qui était entré à la ferme après sa première communion, à l'âge de treize ans, et y était mort, vers 1833 ou 1834, à l'âge de soixante-douze ans, après environ soixante années de service.

On parla des charretiers, on rappela qu'il y en avait trois de la même famille : le grand-père, le père et le fils; il fut parlé aussi d'un excellent homme nommé Prudent, qui aimait tant mon oncle Picou aîné, qui était presque de son âge, ainsi que mon grand-père et ma grand'mère, qu'il a tenté d'aller vivre avec eux à Jossigny; mais il n'a pu s'y acclimater, il avait à Us sa promise avec laquelle il est revenu se marier.

Dans cette conversation il fut reparlé de tous ceux qui avait connu, aimé et servi nos grands-parents; serviteurs, bergers, charretiers, garçons et filles de service, couturières et nourrices des enfants; tous, hommes et femmes, d'après leurs souvenirs, ne faisaient qu'une famille, tous adoraient ma grand'mère qui, disaient-ils, le leur rendait bien.

Il en fut de même plus tard à Jossigny. Là encore, ma grand'mère sut s'attirer les sympathies de son personnel et des habitants du pays.

Elle eut à Jossigny l'occasion d'imiter la conduite de son père à Chauvry, en 1812, et celle de Nicolas Tronchon à Meaux, en 1789.

J'ai souvent entendu dire par ma mère, qu'en 1846, année de grande sécheresse, le vin fut bon, mais la récolte mauvaise. Dans le courant de l'hiver suivant le prix du blé s'éleva à 60 francs et au-dessus; ma grand'mère vendit aux gens des environs son blé à des prix bien au-dessous des cours; il m'est difficile de préciser, car j'étais bien jeune à cette époque, et depuis, si le récit de ce fait est revenu dans nos conversations, je n'en ai pas pris de note assez précise; ne croyant pas que j'aurais un jour à m'en servir.

Ma grand'mère avait pu connaître la conduite de son père en 1812, puisque à cette époque elle avait vingt-cinq ans et, digne fille de Pierre Sainte-Beuve, douée de la même bonté de cœur, elle ne manqua pas de faire, pour soulager les pauvres gens dans le pays qu'elle habitait, les mêmes sacrifices qu'avait fait son père dans le sien. J'ai même entendu dire que beaucoup de ses acheteurs à bas prix (ils ne sont pas là, je puis bien le dire, d'ailleurs il y a prescription) ont oublié de payer, et que ma grand'mère et son fils aîné, qui dirigeait, ainsi que je l'ai dit, la ferme avec elle, s'ils ont connu ces acheteurs ont oublié les gens et la dette.

Cette bonté de cœur, ce désir, ce besoin, et je puis dire ce plaisir de compatir au soulagement des braves gens qui pour la plupart travaillaient avec elle, affirment le caractère de ma grand'mère, l'élévation de ses sentiments; belles qualités dont elle avait hérité de son père, que son mari avait entretenues et qu'elle a transmises à ses enfants. Il serait puéril, en face de ces exemples de libéralités d'admettre que la noblesse de sentiments était le privilège de la noblesse de nom, de l'aristocratie nobiliaire.

Cette femme de cœur, si bonne et si dévouée à sa famille (nous tous, ses petits-enfants, nous le savons), eut la douleur de voir mourir son fils aîné à l'âge de trente-sept ans.

J'aurai toujours dans la mémoire le souvenir de cette bonne *Maman Picou*, comme nous l'appelions tous, qui dans cette circonstance consolait sa belle-fille et ses enfants, et qui ne put se consoler elle-même, car elle mourut de chagrin un mois après son fils bien-aimé.

IX

LES ENFANTS DE PICOU-SAINTE-BEUVE

Pierre-Antoine Picou et Charlotte-Victoire Sainte-Beuve, ainsi que je l'ai déjà dit, ont eu huit enfants :

Quatre nés à Maulny-Étrepilly, dont Rose Picou, ma mère, est resté seule survivante, et quatre nés à Us : Adèle, Antoine-Olivier, Victor et Pauline; cette dernière est décédée en bas âge.

Les quatre survivants ont tous été mariés et ont formé la famille actuelle.

§ 1.

Rose Picou, ma mère, est née à Maulny-Étrépilly, que souvent on appelle aussi Maulny-Vincy; cette ferme, en effet, dépend de la commune d'Étrépilly, dont elle est distante de près de cinq kilomètres, tandis qu'elle confine au territoire de Vincy dont le clocher est à cinq ou six cents mètres. Elle passa, ainsi que je l'ai dit plus haut, ses jeunes années à Us; puis fut envoyée aux Andelys dans une institution pour y compléter son instruction; en ce temps-là, voyager n'était pas facile, les déplacements étaient longs et coûteux; aussi, ma mère et sa sœur, une fois mises en pension, ne vinrent chez leurs parents qu'aux jours de grandes sorties : à Noël, à Pâques et aux grandes vacances; dans les intervalles, leur père ou leur mère allaient les voir une fois ou deux. Par ce système d'éducation, elles ne furent ni gâtées ni choyées; néanmoins leur amour filial n'était diminué en aucune façon. Leurs séjours à la maison les rendaient toujours joyeuses; elles emportaient, en retournant à leur pension, le doux souvenir du foyer paternel, où elles se feraient encore fête, trois mois plus tard, de retrouver l'affection de leurs parents.

Devenue jeune fille, ma mère fut initiée aux travaux de la ferme.

Sur un petit livre où maman Picou inscrivait ses dépenses, je lis, au 1er janvier 1833 :

Je donne à Rose, pour son entretien, 7 francs par mois.

De mois en mois ces 7 francs sont inscrits; puis, au mois d'août, il y a la mention :

Plus, papa a fait cadeau de 5 francs.

C'était pour les travaux de la moisson probablement. A partir de 1834, il y a augmentation : l'entretien est porté à 12 francs par mois, et à chaque mois viennent s'ajouter des petits profits variant de 1 fr. 10 à 1 fr. 30, pour soins donnés aux vaches et aux veaux.

J'ai souvent entendu dire à ma mère, qu'elle allait, avec sa sœur et sa mère, au marché de Pontoise pour vendre les produits de la basse-cour ou du jardin. Il n'y avait, en 1834, aucun chemin caillouté, aucune route pour relier le village à la route de Rouen, qui passait au Bord'haut de Vigny, ni à celle qui passait à Cormeilles-en-Vexin; on était dans la boue, en hiver, jusqu'aux oreilles, ou pour être plus exact, jusqu'au moyeu des charrettes; aussi le plus souvent était-ce à cheval que l'on se rendait au marché. Les chevaux ou les mulets portaient les marchandises dans des paniers et la voyageuse s'asseyait entre les deux; inutile d'ajouter que c'était au pas que se faisaient ces voyages.

Lorsque, le 12 février 1835, ma mère se maria avec **Pierre-Henri Jourdain,** mon père, elle n'avait pas encore vingt ans.

C'est dans la ferme même qu'eurent lieu les repas, les jeux et les danses qui suivirent la cérémonie religieuse. On avait tendu de draperies et orné, pour la circonstance, la chambre au blé, située au-dessus des granges, et là on fit une vraie noce de fermier. J'ai dit que mon grand-père aimait à égayer les réunions par des chansons; au mariage de sa fille aînée, il ne manqua pas de chanter plusieurs couplets parmi lesquels *la Treille de Sincérité,* de Béranger.

Elle quitta son beau pays de Us pour venir habiter à Paris, rue Neuve-des-Petits-Champs, n° 52, et seconder son mari dans son commerce. Mon père avait pris possession, depuis un an environ, du fonds d'épicerie de M. Dorival, ancien épicier du roi Charles X. Ce brave M. Dorival était tellement fier de fournir le château des Tuileries, qu'il avait négligé totalement la clientèle du quartier, si bien qu'en 1830, lorsque Charles X partit pour l'exil, il emmena avec lui l'achalandage de la boutique d'épicerie, et le fonds ne fit plus d'affaires.

C'était donc une maison tombée que mon père avait achetée et qu'il entreprit de relever. Il était fils d'épicier : Pierre-Jacques Jourdain et Marie-Louise-Julie Loyseau, ses père et mère, avaient été établis, rue Saint-Denis, au coin de la rue des Filles-Dieu. Très travailleur, doué d'une ferme volonté, petit de taille, mais excessivement actif et connaisseur expert dans sa partie, il y réussit parfaitement. Après plusieurs essais et plusieurs transformations de ses magasins, il avait fini par avoir, à la place de la boutique pavée et ouverte de tous côtés du père Dorival, un magasin agencé avec tout le confortable et la commodité exigés par le commerce moderne, et où régnait le luxe uni au bon goût; de plus, ne vendant que de la marchandise de choix, il avait réussi à s'attirer une clientèle choisie.

Ma mère, très assidue à son comptoir, esclave de son devoir, le seconda toujours avec dévouement, quoique sa santé trahissait souvent ses forces. Elle était grande, les cheveux châtain clair; très douce, très bonne; de bon jugement, elle aimait à persuader par la parole et les longues explications; aussi savait-elle admirablement engager les clients, par ses façons aimables, à multiplier leurs achats; et pour nous, ses enfants, combien elle mettait de douceur et de persuasion dans ses conseils et dans ses instructions; sa sollicitude allait jusqu'au dévouement, aussi, lorsque nous fûmes mariés, ses belles-filles l'aimèrent comme nous l'aimions nous-mêmes. Leur peine fut égale à la nôtre lorsque nous la vîmes s'éteindre, le 7 juin 1871, à l'âge de cinquante-sept ans. Mon père, très affecté, lui a survécu huit ans et est décédé en 1879.

§ 2.

Adèle Picou est née à Us, en 1817, où elle fut élevée et où elle reçut la même éducation que sa sœur.

A la fin du bail de la ferme de Us-d'Amour, son père était parti quelque temps d'avance s'installer à Mauny-Jossigny, ainsi que cela se fait dans la culture lors des changements de résidence; Adèle était restée, avec sa mère, à Us qu'elles quittèrent ensemble. En effet, une petite note, inscrite par maman Picou, mentionne les sommes qu'elle réalisa et la date de son départ. Cette note nous fait savoir le prix des denrées de cette époque :

DERNIÈRE RÉCOLTE DE US

Bled, 387 septiers ont produit	8.312 75
Avoine, 320 septiers ont produit	6.554 »
Laine, 361 toisons ont produit	4.040 55
	18.907 30

Puis au-dessous de cet écrit :

Je suis partie, le 18 mai 1836, avec Adèle.

Adèle Picou demeura quatre ans à Jossigny et fut mariée, le 30 mars 1840, avec **Jules-Alexandre Mongrolle**, né à Louvres, fils de Victor Mongrolle et de Marie-Augustine Boudignot.

Le contrat de mariage fut dressé, le 14 mars 1840, par Mᵉ Bouclier, notaire à Paris; la dot constituée était de 15,000 francs, comme l'avait été celle de sa sœur, dont 13,000 francs en espèces et 2,000 francs de trousseau. Suivant un usage, plusieurs fois répété dans les actes de la famille, il est dit dans ce contrat :

Au moyen de cette constitution dotale, Mᵉˡˡᵉ Picou, pour elle et ses représentants, renonce à pouvoir demander au survivant de ses père et mère aucun compte, ni partage des biens de la succession du prédécédé.

Cette clause était traditionnelle, car elle existe dans le contrat de mariage de Picou-Sainte-Beuve, le 27 septembre 1809, par-devant Mᵉ Vincent-Charles Dunay, à Paris; et dans le contrat Verline—Picou, le 22 germinal, an VI (11 avril 1798), par-devant Mᵉ Louis Tassu, à Marcilly.

Adèle Picou était moins grande que sa sœur Rose, très brune, d'allure plus vive, plus décidée, femme d'énergie, ne perdant pas la tête, quelque événement qui se présentât; quoique paraissant de meilleure santé que son aînée, elle est morte la première, à l'âge de cinquante ans.

Mon oncle Mongrolle, son mari, aimait à dire, suivant un vieux dicton, qu'il était venu à Paris en sabots. Je ne sais s'il était réellement chaussé de sabots; mais ce qu'il y a de certain, c'est qu'il partit de Louvres à pied, un matin, avec douze sous dans sa poche pour payer son déjeuner en route; il venait à Paris où son père l'envoyait pour être apprenti chez un pâtissier de la place Gaillon; il avait alors treize ou quatorze ans. C'est là qu'il apprit le métier de pâtissier-cuisinier, qui devait le conduire plus tard à s'établir restaurateur.

Lorsqu'il se maria avec Adèle Picou, il était depuis peu établi hors de la barrière de l'Étoile, sur la pelouse bordant l'avenue de Neuilly, à Passy, où il avait repris la suite des affaires de l'établissement Ravel, un des restaurants renommés du temps.

La ville de Passy, en 1840, était une des nombreuses communes suburbaines qui entouraient Paris et qui lui furent annexées en 1860. A cette époque, le Bois de Boulogne n'était pas le beau parc que nous voyons aujourd'hui; c'était un bois pierreux, poudreux, traversé en différents sens par quelques routes droites où les Parisiens allaient chercher un peu de verdure le dimanche; il n'y avait pas alors de chemins de fer pour les emmener au loin, et lorsqu'ils étaient sortis de Paris, par une barrière quelconque, ils se croyaient en pleine campagne. La pelouse de l'avenue de Neuilly était une grande et longue terrasse, large d'environ quarante à cinquante mètres, qui était restée élevée de deux à trois mètres au-dessus du sol de la route de Neuilly.

Sur cette terrasse, plantée de beaux arbres, il y avait toutes sortes de jeux : balançoires, chevaux de bois, etc. C'était là que se faisait la location des ânes pour la promenade dans le Bois; car, en ce temps-là, on se promenait encore à âne au Bois de Boulogne. La maison de mon oncle était sur cette pelouse, ayant sa façade parallèle à la route. En semaine, une clientèle d'habitués fréquentait son établissement; il s'y faisait des noces et des banquets; mais les dimanches, surtout les dimanches d'été, pour peu que le temps soit beau, la maison regorgeait de monde; boutiquiers, commerçants ou employés qui finissaient au restaurant leur journée de plaisir en famille; alors les salons, les cabinets de société, les jardins et les bosquets étaient pris d'assaut. J'ai vu des gens manger jusque dans la cour de la cuisine, d'autres attendre, auprès des tables, que ceux qui les occupaient, aient fini de dîner pour pouvoir prendre leur place.

Lors de la transformation du Bois de Boulogne et de la création des grandes avenues qui y aboutissent, l'établissement fut exproprié; mon oncle, avec le prix de son indemnité, fit bâtir une nouvelle maison, montée sur un pied plus moderne et plus en rapport avec le goût du jour et le genre que prenait le quartier; l'inauguration en fut faite, par une fête, le 1ᵉʳ avril 1856. Cette maison était située, avenue de l'Impératrice, nº 10, aujourd'hui avenue du Bois-de-Boulogne, à l'angle de la rue Rude. Après avoir été mis en bonne voie, le restaurant fut vendu; il passa successivement entre plusieurs mains, et finalement il vient d'être démoli par un riche propriétaire qui acheta l'immeuble après la mort de mon oncle Mongrolle, en 1891, pour le faire raser et faire construire à la place un somptueux hôtel particulier.

§ 3.

Antoine-Olivier Picou. — Suivant la tradition de la famille, qui veut que l'aîné des fils soit toujours désigné par le nom de famille, on l'appelait Picou.

Picou est né à Us, en 1819. Il fut d'abord mis en pension à Pontoise, puis ensuite à Paris, chez M. Saint-Amand Cimetière, rue Culture-Sainte-Catherine, pension qui fut plus tard l'institution Jauffret. Son père le destinait à l'agriculture. Il avait dix-sept ans lorsque ses parents quittèrent Us, il aida au transfert et à l'installation dans la ferme de Mauny-Jossigny.

Jossigny est un village du département de Seine-et-Marne, arrondissement de Meaux, canton de Lagny, « ci-devant province de l'Ile-de-France, dans la Brie, et diocèse de Paris »; sa population est d'environ cinq cents habitants; il est situé à six kilomètres au sud de Lagny. A l'entrée du pays, en venant de Lagny, on passe devant la ferme de la Jonchère; si l'on traverse le village dans toute sa longueur, on voit, au milieu, une ancienne demeure seigneuriale et une belle place publique, à la hauteur à peu près où une route croise la Grande-Rue. Sur cette route, à gauche, est la ferme de la Motte, et, à droite, celle du Genitoy qui dépend de Bussy-Saint-Georges; au bout du village, un sentier à travers champs sert aux piétions qui se rendent à la ferme de Mauny, distante à peu près d'un kilomètre, et située, au milieu des champs, à soixante ou quatre-vingts mètres des bois de Mauny et de Ferrières. Cette ferme, composée de beaux bâtiments, bien aménagés, avait une habitation commode, une cour spacieuse avec deux entrées et une chaussée caillouttée au milieu; elle était louée, en 1846, avec les cent quarante-deux hectares de terre, qui en dépendaient, 10,500 francs; il y avait en plus un marché de terres au lieu dit Sainte-Geneviève, loué 3,400 francs; elle dépend du domaine de Ferrières et appartient à la famille de Rothschild.

Après la mort de son père, en 1840, Picou dirigea les travaux de la ferme pour le compte de sa mère, qui la géra jusqu'à l'époque où elle le maria, en 1847, avec **Zoé-Victorine Garnot**, fille de René-Hilaire Garnot, cultivateur à Combs-la-Ville, et de Marguerite-Nicolle Millet.

Cette famille Garnot est excessivement nombreuse.

Le père de René-Hilaire Garnot, Joseph-Hilaire Garnot, cultivateur à Réau, était le vingt-troisième et dernier enfant de Charles Garnot, laboureur à Viercy, commune de Montereau-sur-le-Jard. Né en 1713, Charles Garnot est décédé en 1779.

Marié en premières noces avec Nicolle Coutant; de ce mariage est née une fille. Nicolle Coutant est décédée en 1740.

Marié en secondes noces à Cécile-Marguerite Coutanceau; de ce mariage sont nés quatre garçons et quatre filles. Cécile-Marguerite Coutanceau est décédée en 1750.

Marié en troisièmes noces à Anne Visier; de ce mariage sont nés neuf garçons et cinq filles. Anne Visier est décédée vingt-six ans après son mari.

Lors de la rédaction de son contrat de mariage, Picou fut avantagé, par sa mère, d'une somme de 5,000 francs pour les soins qu'il avait donnés aux intérêts de la famille depuis 1840, et il le méritait bien; aussi frère, sœurs et beaux-frères, tous ont été unanimes à approuver cette disposition. Il était alors un beau jeune homme, très grand, très brun; de caractère froid et modeste, parlant peu, réfléchissant mûrement et sûrement; il avait toutes les qualités du cœur, ses proches et ses intimes le tenaient pour un ami sûr et dévoué.

En 1854, mon oncle Picou ne renouvela pas le bail de la ferme de Mauny, par ce motif : qu'elle était trop près des bois où le gibier, entretenu, à grands frais, pour les chasses de la famille de Rothschild, pullulait et détruisait les récoltes; c'est alors qu'il alla demeurer à la Verville, commune de Mennecy, bourg de mille cinq cents habitants du département de Seine-et-Oise, arrondissement de Corbeil, dont il est distant de huit kilomètres environ.

Les terres de la Verville étaient médiocres et humides; il les avait amendées, marnées et drainées à grands frais et il commençait à voir ses efforts couronnés de succès. J'ai entendu un cultivateur, de ses voisins, dire un jour, en montrant les récoltes sur pied et les résultats qu'il avait obtenus : « Ce jeune homme, nouveau venu dans le pays, nous a appris à cultiver nos terres »; malheureusement la mort, qui l'enleva à l'affection de sa famille, en 1857

l'empêcha de récolter les fruits de son travail et de réaliser ses espérances.

Sa mère, qui était venue habiter près de lui, mourut de chagrin, ainsi que je l'ai dit, un mois après lui; aussi sa veuve, seule, désormais, dans un pays qui lui était étranger, ne garda pas la ferme de la Verville. Elle vint se fixer à Paris, où elle se dévoua, je puis dire, se sacrifia pour élever ses deux filles, faire leur éducation, et à force d'ordre et d'économie, leur constituer un petit patrimoine. Elle eut le bonheur de les voir mariées toutes deux et de voir sa famille augmentée de nombreux petits-enfants. Elle mourut, le 4 mars 1891, quelques années après son frère Hilaire Garnot, ancien cultivateur à Villaroche, qui, lui aussi, avait été un cultivateur émérite, membre de la Société d'Agriculture de Melun, dont il était vice-président; il figura toujours dignement dans les Concours régionaux et fut fait chevalier de la Légion d'honneur.

§ 4.

Victor Picou est né à Us, le 30 janvier 1821; enfant, il reçu la même éducation que son frère. Ses études finies, à l'âge de seize ans, il fut placé dans le commerce, à Paris, chez son beau-frère Jourdain (mon père), 52, rue Neuve-des-Petits-Champs. Il avait toujours eu le plus vif désir de se livrer à la culture comme ses pères et comme son frère, cette profession était bien dans ses goûts; mais son père en avait décidé autrement et, ainsi je l'ai dit, lorsque celui-ci avait pris une décision chacun s'y soumettait sans réplique; c'est ce que fit Victor Picou, non sans avoir le cœur gros de quitter Us et la belle campagne qu'il aimait tant.

Après avoir fait son apprentissage, chez mon père, et complété son éducation commerciale, en qualité de commis-voyageur pour le compte de M. Deslandres, raffineur à la Villette, il prit, en 1844, à Saint-Denis, en société avec M. Deligny, et seul après la mort de celui-ci, la suite du commerce d'épicerie et vins en gros de son cousin Leroy (1).

Le 2 septembre 1846, il épousa, à Paris, **Louise-Pauline Dufour**, fille de Charles-Étienne-Amand Dufour et de Thérèse-Julie Jourdain. Il l'avait connue et appréciée chez mon père, son premier patron, dont elle était la nièce. C'est ainsi que ma cousine germaine, du côté paternel, devint ma tante, du côté maternel, doublant ainsi les liens de parenté et d'affection qui nous unissent à ses enfants.

Pauline Dufour était dans sa jeunesse une belle et agréable personne, de taille moyenne, les cheveux châtains, les yeux vifs, fraîche et pleine de santé; son caractère, de nature enjouée et gaie avait reçu en partage la bonté proverbiale de son père, mon oncle Dufour. Elle aimait volontiers le plaisir, mais le plaisir simple que procurent les fêtes et les réunions de famille.

Longtemps elle seconda son mari dans ses affaires; elle mourut à Saint-Denis, le 13 janvier 1885, âgée de cinquante-neuf ans.

En 1855, mon oncle, Victor Picou, changea de domicile dans Saint-Denis et agrandit le cercle de ses affaires en joignant ou plutôt en fondant, à côté de son commerce, un établissement de distillateur-liquoriste.

Il était à la tête de cet établissement lorsque éclata la guerre de 1870, et l'a cédé depuis à son fils aîné.

---

(1) Voir Généalogie Sainte-Beuve.

X

SAINT-DENIS

1870-71

Je suis resté sobre de détails sur la vie de Victor Picou, mon oncle, parce qu'il existe encore et que chacun de nous peut le connaître, et aussi surtout parce que mon intention, en commençant ce travail, était de ne parler en aucune façon des membres de la famille actuelle, laissant cette tâche pour plus tard à mes neveux ou à mes cousins, puisque je n'ai pas eu d'enfant à qui je puisse la léguer; en souhaitant qu'elle leur soit aussi agréable qu'à moi.

Pourtant après ce que j'ai dit des frères Picou, de Vincy et de Manœuvre, et de leur parent Nicolas Tronchon, après ce que j'ai rappelé du grand-père Pierre Sainte-Beuve et de sa digne fille Charlotte-Victoire Sainte-Beuve, je ne puis me dispenser de parler de Victor Picou, dont le dévouement pour la population de la ville de Saint-Denis, pendant la guerre de 1870-71, fut trop méritoire pour être passé sous silence, par excès de modestie.

Je n'aurai, du reste, pas besoin de lui faire d'éloges, les faits parleront d'eux-mêmes; je ne ferai que raconter ce que j'ai pu savoir, comme tout le monde, dans le moment, et ce que j'ai appris par mon père et par ma mère, car ma mère, sa sœur aînée, était déjà très malade à cette époque; il venait souvent la voir et lui communiquait ses impressions, lui disait ses occupations. J'avais aussi un parent de ma femme qui était dans la garde mobile en garnison à Saint-Denis et qui fut témoin de ce qu'il fit pendant le siège de Paris. Je me suis renseigné également auprès de M. Grilat, ancien marchand de nouveautés, et de M. Georges Dietrich qui, en cette occasion, le secondèrent de toute l'ardeur de leur dévouement.

Si, en dévoilant ces faits, je blesse quelque peu sa modestie, je le prie de pardonner mon indiscrétion; je compte sur l'affection toute particulière qu'il m'a toujours témoignée pour m'excuser.

En septembre 1870, mon oncle Victor Picou avait quarante-neuf ans et était père de cinq enfants; il fit partir sa femme Pauline Dufour, avec les quatre plus jeunes, et les envoya à Granville pour leur éviter les privations que ne pouvaient manquer d'amener l'investissement et le siège dont les Prussiens menaçaient Paris. Il resta à Saint-Denis avec son fils aîné, qui était garde mobile et qui fut dirigé en garnison sur Auteuil.

L'investissement, chacun le sait, fut complet le 19 septembre; le commerce de liquoriste en gros, qu'exerçait mon oncle, était dès lors anéanti. Il n'était pas homme à rester inactif; de plus, il avait un nombreux personnel d'employés et d'ouvriers dévoués, auquel il voulait conserver leurs emplois en les occupant.

Dès les premiers jours d'octobre, la disette commençait à se faire sentir, chacun était déjà préoccupé de l'alimentation; certains négociants ouvraient des boucheries ou vendaient leurs approvisionnements pour en tirer de gros bénéfices.

Mon oncle avait compris que, d'après les règles de la stratégie, les ennemis nous réduiraient par la famine Saint-Denis avait 30,000 habitants dont 29,000 ouvriers. Les faire vivre était donc un moyen de se défendre et de prolonger la lutte; il résolut donc de faire son possible pour nourrir ceux qui ne pouvaient pas faire de provisions.

En causant un jour avec quelques amis qui, comme lui, blâmaient ceux qui spéculaient sur les malheurs publics, il émit l'idée d'ouvrir une boucherie pour vendre la viande de cheval à prix de revient. Cette idée était très heureuse, c'était un moyen d'occuper son activité et d'utiliser son personnel, tout en rendant service à ses compatriotes.

Je puis dire de lui que ce désir, ce besoin de rendre service était comme une sorte d'atavisme, d'héritage moral, pour ainsi dire inconscient: car, à cette époque, s'il savait ce que sa mère avait fait pour les habitants de Jossigny, en 1846, il ignorait complètement la conduite de son grand-père Sainte-Beuve, à Chauvry, en 1812, et celle de Nicolas Tronchon et de ses aïeux, à Meaux, en 1789; ce n'est que plus tard que ces faits sont venus à sa connaissance. C'est donc à lui seul, à son sentiment humanitaire et généreux que doit être reporté le mérite des actions que je vais relater.

Aussitôt sa décision prise, il adressait, dès le 16 octobre, à la mairie de Saint-Denis, une demande en autorisation d'ouvrir une boucherie de cheval.

Le lendemain, 17 octobre, cette autorisation était accordée.

Il embaucha aussitôt un étalier et emprunta à un voisin quelques outils de boucher.

Il avait besoin de quelques personnes pour l'aider dans le travail d'achat, de vente et de fixation de prix; il réunit alors quelques amis et quelques voisins pour leur demander leur concours et former une *Société philanthropique* qui devait lui servir d'appui, société dont le docteur Louvel et M. Grilat furent deux des membres les plus actifs et dont M. Georges Dietrich fut le secrétaire.

Aussitôt une boucherie de cheval fut installée dans son laboratoire de distillateur et la vente commença Constamment la viande fut vendue au-dessous de la taxe officielle, surtout pour les bas morceaux, dont les prix ne furent jamais de plus de 50 centimes le kilogramme, alors que la taxe officielle permettait de vendre 90 centimes le kilogramme.

Cette vente dura quatre semaines environ.

Mais les chevaux devenaient de plus en plus rares, et, d'autre part, le froid devenait de plus en plus intense. Mon oncle jugea que le service rendu serait encore plus apprécié par la clientèle qui se pressait à sa porte, s'il pouvait lui fournir des aliments chauds.

Il avait de grands et nombreux appareils pour la cuisson des sirops, ainsi qu'une chaudière à vapeur; il résolut alors d'utiliser ce matériel pour faire cuire la viande de cheval, afin de vendre le bouillon chaud et la viande cuite. Le bouillon était vendu au litre et la viande à la portion.

Cette mesure eut un succès énorme et fut vivement appréciée; quand il gelait journellement à 8°, 10° et 12° au-dessous de zéro, quelle aubaine pour les pauvres gens de pouvoir se procurer du bouillon chaud !

En décembre, un jour que j'étais chez mon père, nous le vîmes arriver tout joyeux, s'il est permis de dire que l'on était joyeux pendant ces temps malheureux. C'est qu'il venait de remporter une victoire, non pas sur l'ennemi, mais sur la municipalité de Saint-Denis.

Voici ce qu'il nous raconta : La vie et l'alimentation devenant difficiles, tous les chevaux furent réquisitionnés et à l'autorité municipale fut réservé le droit d'abattage. C'était la cessation forcée de la vente du bouillon et de la viande, vente que la municipalité n'était pas en mesure de remplacer.

Après de nombreuses démarches à la mairie, pour obtenir, en faveur de son entreprise philanthropique, le rétablissement du droit d'abattre, démarches restées sans résultat, mon oncle prit alors le parti de s'adresser à l'autorité militaire.

L'amiral de La Roncière Le Noury, qui commandait la circonscription militaire de Saint-Denis, après lui avoir accordé une audience, lui donna l'assurance que le jour même il recevrait l'autorisation d'acheter et de faire abattre autant de chevaux qu'il lui serait utile de le faire. Le même jour, à deux heures, l'amiral vint, avec son état-major (vingt-cinq ou trente officiers dans sept calèches), visiter son installation et lui renouveler la promesse qu'il lui avait faite le matin.

Le service du bouillon recommença.

Mais cette autorisation obtenue, de nouvelles difficultés surgirent; il ne suffisait pas d'avoir la permission d'abattre des chevaux, on voyait venir le moment où il n'y aurait plus de chevaux. Il fallut s'ingénier à trouver le moyen de faire le plus d'aliments possible avec le moins de viande possible; en un mot ménager, restreindre la consommation de viande et la remplacer par quantité équivalente d'autres denrées.

Ce moyen, ce fut M. Grilat qui l'apporta à la *Société philanthropique*. Il avait déjeuné un jour chez M. Guilleminot, l'instituteur communal dont tous les jeunes dionysiens de l'époque se rappellent, avec M. Gérardin, professeur de chimie à l'Association philotechnique, lequel avait apporté du pâté qui se débitait à Paris à raison de 4 francs le kilo.

On doit se rappeler que pendant le siège de Paris, et malgré la disette, les réceptions en famille ou autres se continuaient; mais il était convenu que chaque convive devait apporter quelque chose, et notamment son pain, car cet aliment de première nécessité était rationné et l'amphitrion ne pouvait pas s'en procurer, pour offrir à ses invités, plus que la ration qui lui était personnellement accordée. M. Gérardin avait donc apporté du pâté qui était fait de viande de cheval, d'intestins de cheval et de riz.

Quand on a une préoccupation et surtout la préoccupation de faire du bien, les idées viennent aisément; M. Grilat vit là le moyen cherché, il porta à mon oncle un morceau de ce pâté, et sur cet échantillon, voici ce qu'ensemble ils décidèrent de faire : Un ex-ouvrier charcutier, ayant travaillé dans la maison Chevet, fut engagé et on lui fit confectionner des pâtés semblables, composés de :

25 kilogrammes de viande cuite;		
25	—	d'intestins de cheval;
50	—	de riz.

Ces pâtés, ainsi préparés, qui étaient vendus 4 francs, à Paris, furent débités à raison de 1 fr. 50 et furent distribués par portions de 15 centimes; une portion à chacun, pas plus.

On en distribua, en cinq jours, du 1er au 5 décembre, *douze mille neuf cent trente portions!* soit environ deux mille six cents portions par jour !

Par ce moyen, on put continuer à fabriquer du bouillon et des pâtés, et à les distribuer jusqu'à la fin du siège, c'est-à-dire pendant plus de six semaines.

Nous ne devons pas oublier que, pendant tout ce temps, nous étions en guerre et que les Prussiens, ne pouvant pas atteindre Paris, bombardaient Saint-Denis avec des batteries installées à Pierrefitte, sur les hauteurs de la butte Pinson qui commande la route de Calais. La fumée qui s'échappait de la cheminée d'usine de la distillerie était une cible pour l'artillerie allemande; aussi les obus sifflaient-ils sans interruption autour de la maison; trois l'atteignirent, dont un brisa tout l'appartement de mon oncle. Heureusement, ni lui ni aucun de ses ouvriers ou de ses collaborateurs ne fut blessé, et les distributions ne furent pas interrompues; mais il fallut se résigner à prendre les repas dans la cave.

Voilà ce que l'initiative d'un homme résolu a pu produire : c'était un problème d'alimenter physiquement et, en même temps, de soutenir le moral d'une population pauvre au milieu de tant de difficultés. Le charbon manquait quelquefois, il fallait le remplacer avec ce que l'on pouvait trouver: bois, débris ou autres: un jour, un tombereau de tan, payé 35 ou 40 francs, fut consommé en quelques heures; il fallut aussi avoir recours à la complaisance de plusieurs industriels de la ville, qui, malgré que leur charbon était réquisitionné par l'autorité municipale, trouvèrent le moyen d'en fournir à la fabrique de bouillon.

Ainsi, pendant trois mois et demi, du 15 octobre à la fin de janvier, mon oncle Victor Picou a pu, au milieu de difficultés sans nombre, malgré la mauvaise volonté jalouse de la municipalité, malgré le froid rigoureux, malgré le bombardement de l'ennemi, entreprendre de nourrir une partie de la population, peu aisée, d'une ville industrielle où tout travail était suspendu.

Parmi les chiffres que je tiens de M. Georges Dietrich, le secrétaire de l'Association, je relève ceux-ci, qui ne manquent pas d'éloquence : Cinquante-neuf chevaux furent abattus et distribués ; le premier avait coûté 16 francs, le dernier fut payé 1,125 francs.

Lors de l'entrée des Prussiens dans la ville, il restait la moitié d'un cheval ; mon oncle le fit distribuer gratuitement par portion de demi-kilogramme ; d'autre part, il lui restait en caisse quelques centaines de francs, 1,200 ou 1,400 francs environ, il en fit don à l'Ouvroir des orphelines de la ville.

N'avais-je pas raison de dire en commençant que les faits parleraient d'eux-mêmes?

Il n'y a besoin d'ajouter aucun commentaire.

Je pourrais néanmoins donner ici le récit de quelques épisodes.

***

Le jour où l'amiral de La Roncière Le Nourry vint visiter l'établissement, on distribuait du riz agrémenté de cacao et de sucre ; une femme d'une trentaine d'années et sa fillette de huit ou dix ans, qu'elle tenait à la main, mangeaient à cœur joie ; l'amiral entre, embrasse cette fillette toute rose et fort proprement mise et lui met dans la main une pièce d'or ; la pauvre mère, éblouie, faillit se trouver mal....

***

Pendant le bombardement, comme tout le monde était à la cave, on vint dire à mon oncle que : dans une maison de la rue Fontaine, il y avait une trentaine d'orphelines de l'Ouvroir avec trois ou quatre sœurs qui, depuis deux jours, n'avaient rien mangé. Immédiatement, mon oncle fit prendre deux brocs de bouillon chaud et quelques pâtés et alla les leur porter.

Il trouva tout ce monde-là serré, empilé dans un rez-de-chaussée faisant face aux buttes de Pierrefitte, d'où venaient les bombes. Il leur proposa de les envoyer à Paris ; il fit atteler un camion ; un des voyageurs de la maison, nommé Picard, qui était garçon, s'offre pour conduire la voiture, au lieu et place du cocher Furiez, qui avait femme et enfants. M. Picard va prendre les sœurs et les jeunes filles, les bombes sifflant toujours et dru, et part ; avant d'être au bout de la ville, le camion était envahi par des gens qui allaient à Paris ; il y eut plus de soixante personnes qui profitèrent de la voiture.

***

Parmi les amis de mon oncle qui lui ont prêté leur concours (la plupart l'ont fait avec dévouement), j'ai cité M. Grilat et le docteur Louvel. Ce dernier, officier de la Légion d'honneur, avait un plaisir extrême à servir le public et à distribuer un demi-litre de bouillon ou une tranche de pâté. Un jour, il disait à de jeunes gardes mobiles, qui venaient se réconforter en buvant quelque chose de chaud : « Vous vous souviendrez, moblots, que « pendant le siège un officier de la Légion d'honneur « vous a servi deux sous de bouillon ».

Cet excellent ami, le docteur Louvel, a fait son possible pour faire récompenser mon oncle. Il vint un jour, en juillet ou août 1871, lui dire qu'il avait vu le Grand-Chancelier de la Légion d'honneur, à qui il lui avait donné connaissance de ce qu'avait fait l'*Association philanthropique*, et qu'il avait été décidé qu'il serait compris dans la première nomination des chevaliers de la Légion d'honneur ; mais il ajouta qu'il était indispensable que la demande en fût faite par une autorité, maire, sous-préfet ou autre..... S'adresser au maire, il n'y fallait pas songer après les refus d'autorisation que j'ai raconté plus haut ; il n'était pas porté à protéger un de ses administrés qui avait su se passer de son autorité. Mon oncle ne connaissait ni préfet ni sous-préfet, et, d'autre part, les affaires l'absorbaient totalement ; il occupait alors cinquante ou cinquante-cinq ouvriers au lieu de vingt ou vingt-cinq en temps ordinaire. Ces diverses raisons firent qu'il négligea la belle offre qui lui avait été faite par le docteur Louvel.

Je dois dire aussi que, dans son désintéressement, il lui répugnait de se faire payer les services qu'il avait eu le bonheur et la satisfaction de rendre à ses concitoyens.

Aujourd'hui, en 1894, s'il n'est pas décoré, il a néanmoins la satisfaction de voir ses deux fils chevaliers de la Légion d'honneur : l'aîné, comme juge au Tribunal de commerce ; le second, comme ingénieur-électricien.

APPENDICE

Note A

Nous ne pouvons résister au désir de mettre sous les yeux de notre lecteur cette page écrite par M. Victor Advielle dans son *Histoire de la Ville de Sceaux*. Elle retrace avec exactitude, dans des termes que nous ne saurions mieux choisir, les impressions que nous avons ressenties en faisant nos investigations :

Qu'on ne s'étonne donc point que les peuples aient élevé ces touchantes églises de nos campagnes, qui semblent demeurer seules pour nous dire la pensée intime des générations disparues.

En effet, il ne reste guère du passé que les monuments religieux.

Les tumuli païens, les tombes chrétiennes des mérovingiens, les vieux cimetières ceignant dévotement nos églises rurales, ont échappé à l'action destructive des hommes, parce qu'ils étaient l'homme lui-même.

Ainsi des vieux registres de catholicité.

Ils ont été respectés, conservés, quand tant d'autres titres ont péri, parce qu'ils étaient la paroisse elle-même, et qu'ils se rattachaient au monument religieux dont ils ne pouvaient être séparés.

Détruisez l'église, la paroisse n'existe plus que de nom.

Détruisez le registre de catholicité, la paroisse ne commence que d'hier. Ce vieux registre, tout maculé par le temps, est donc la paroisse elle-même.

Il renferme les annales les plus intimes, dès lors, celles de chaque maison, depuis le castel seigneurial jusqu'à la chaumière délabrée, de chaque habitant aussi, depuis le possesseur jusqu'à l'occupant.

C'est l'alpha et l'oméga des choses les plus diverses.

C'est le livre intelligible pour tous et ouvert à tous.

Il parle au cœur et à l'esprit, au cœur surtout, en lui rappelant des noms chers au souvenir,

Consultez-le ; il répondra à vos moindres questions si vous savez lire dans le passé.

Fermé même, il impressionne encore. N'a-t-il pas pour lui l'inconnu?

Quand vous l'ouvrirez, il dira la joie des époux à la venue d'un nouveau-né, l'horreur des funérailles.

Joie et tristesse s'entre-choquent dans ce livre.

Ici un baptême, ici un décès, ici un mariage.

Le tout est mêlé, confondu, comme dans la vie.

Comme dans la vie, dont il n'est que le reflet, ce livre a des contrastes sans nombre. Tel, qui était hier dans la joie, sera demain dans la douleur.

L'homme passe, et un jour ses descendants ne retrouvent de lui qu'un nom inscrit à la hâte sur les pages enfumées d'un registre de catholicité.

(VICTOR ADVIELLE : *Histoire de la ville de Sceaux*, page 141.)

Note B

Voici quelques extraits des registres de Saint-Soupplets :

Mariage. — Le vingt cinquiesme septembre m646 [1646], furent espousez Denys Berenger et Catherine Picou, tous deux de ceste paroisse.

Mariage. — Et premièrement furent espousez le douziesme septembre 1644, Jacques Picou et Magdelaine Esmery en la pnce [présence] de Nicolas Lair et Claude Scot, tesmoings.

Décès. — Mensis Januarii : decima octava ejusdem mensis Francisca Picou uxor Claudii Blaisimar.

Décès : 1671. — Le vingt troisiesme feburier est mort l'enfant de Jacques Picou.

(*Archives de Saint-Soupplets.*)

Note C

Nous reproduisons ici le texte de cette transaction :

Je soussigné, Jacques Picou, bourlier, demeurant en la paroisse de Chambry, suplie mesdames les Religieuses de Fontaine, de maccorder la permission de bastir en appentie allencontre du mur appartenant ames dites dames dece Fontaine, la longueur de dix neuf pieds qui separe le jardin a moy appartenans dans eune partye du clos de la ferme dèmes dites dames, a la charge par moi J. Picou, dentretenir ladit espace de muraille ames frais et despens, toutes fois et quantes quil en sera besoin, aquoy je moblige envers mesdites dames sans pretendre neanmoins que ledit mur mappartienne, fais le vingt ez ung septembre mil sept cens vingt sept.

J. PICOU.   (Archives de la famille.)

Note D

Extrait d'une pièce inédite :

Et d'ilec (de là) s'en alèrent en la ville de Chiermentré (Charmentray), à deux lieues dudit Meaulx, pour l'eure qui estoit tardive. Et eulx estans illec logiez en l'ostel de Guillot Prevost, ledit suppliant et aucuns de ses compaignons s'en allèrent souper en un autre hostel d'icelle ville. Et après souper, environ dix heures de nuict, s'en retournèrent en l'ostel dudit Guillot Prevost pour veoir et ordonner leurs chevaulx et eulx coucher.

(DROUET D'ARCQ : *Pièces inédites relatives au règne de Charles VI*, tome II, p. 79.)

Note E

A titre de curiosité, nous donnons ici copie d'un acte de baptême relevé à Villepinte :

Cejourd'hui cinquiesme d'octobre 1707 a été baptisée Louise-Françoise, du légitime mariage de Anthoine Gasteau et Françoise Marlin, sa femme, ses père et mère ; le parrain messire Jean-Baptiste-Louis de Clermont d'Amboise, marquis de Rewel, gouverneur de Chaumont ; la marraine Suzane-Françoise Bignon, fille de M. Jerosme Bignon, conseiller d'État, prévôt des marchands, tous demeurant à Paris. Le parrain n'a pas signé, n'étant âgé que de six ans ou environ (*sic*).

(*Archives de la commune de Villepinte.*)

Note F

Acte de décès de messire Louis Afforty :

L'an mil sept cent quarante-neuf, le troisième May, au désir du défunt ci-après nommé, a été inhumé au cimetière de cette paroisse messire Louis Afforty, prêtre-curé d'Écouen et d'Ézanville, son annexe, décédé le jour précédent, âgé de soixante-neuf ans ou environ, après son exercice de cure dans ladite paroisse de trente-six ans, et ont assisté audit enterrement messire Louis Mongé, prêtre-curé de Moisselles, qui a fait la cérémonie de la sépulture en sa qualité de doyen rural du doyenné de Montmorenci ; messire Charles-François Afforty, prêtre docteur de Sorbonne et doyen de l'église collégiale de Saint-Rieul, de la ville de Senlis ; messire François-Louis-André Afforty, prêtre docteur de Sorbonne, curé de Survilliers, diocèse de Senlis ; messire Esprit Sonning, prêtre docteur de Sorbonne, prieur, curé de Villiers-le-Bel ; messire Louis Lefebvre, curé de Domont, et autres parents, curés et amis, qui ont signé.

Signé : AFFORTY, AFFORTY, DOUTRELEAU, LEFEBVRE ; DE SONNING, prieur de Villiers-le-Bel ; J. ROLAND, curé d'Attainville ; VIOIER, curé de Baillet ; GAVET, curé de Saint-Nicolas-de-Gonesse ; J. FOSTAIN, curé du Plessis-Gassot ; FEYENT, curé de Bouqueval ; BONNEAU, curé de Sarcelles ; CHAPPERON, curé de Saint-Brice ; VYZUEL, curé de Goussainville ; LOUIS MONGÉ, curé de Moisselles et doyen rural de Montmorency.

(*Archives de la commune d'Écouen.*)

Note G

Extraits d'une *Monographie des rues, places et monuments de Senlis*, par l'abbé Eug. Muller :

Rue Afforty. — Le Conseil municipal de Senlis, dans sa séance du 7 février 1879, a décidé que la rue du Carrefour, ou plutôt du Cloître-Saint-Rieul, où demeurait Afforty, nos 8 et 10, porterait désormais son nom.

Afforty naquit à Montagny-Sainte-Félicité, le 5 février 1706, de Charles Afforty et de Marie Le Normand. Voici une note biograpgique qu'il nous a lui-même laissée :

« François-Charles Afforty, baptisé à Montagny, le dimanche 7 février 1706 ; parein François Afforty, d'Othis, mareine Michelle Le Court de Compans. J'ai été tonsuré estant en rhétorique au collège de Montaigu, le 10 juin 1724, maistre ès arts, le 4 septembre 1726. Reçu les quatre ordres mineurs à Senlis, le 18 décembre 1728 ; le sous-diaconat à Soissons, le 3 juin 1730 ; le diaconat à Paris, le 23 décembre 1730, et la prêtrise à Paris, le 19 mai 1731. J'ai soutenu ma tentative en la salle des Jacobins, à Paris, le 17 février 1730 ; ma mineure en Sorbonne, le 30 juin 1732 ; ma majeure aux Carmes de la place Maubert, le 4 mai 1733, et ma sorbonique le 16 octobre suivant. J'ai reçu la bénédiction apostolique et le degré de licencié le 8 mars 1734. J'ai soutenu ma vesperie le 26 mars 1734, et j'ai reçu le bonnet de docteur le lendemain 27 des mêmes mois et an. J'ai été présenté à Monseigneur de Vintimille, archevêque de Paris, pour le vicariat de Saint-Landry, en la Cité, le 13 mai 1732 ; nommé chanoine de Saint-Rieul de Senlis, le 9 janvier 1734 ; chantre en dignité dudit chapitre, le 3 août 1739 ; doyen, le 8 avril 1747. »

L'on sait qu'Afforty fut l'un des commissaires nommés sous Louis XV pour la recherche des Chartes.

La science archéologique lui doit d'avoir recueilli sur l'histoire de Senlis des documents considérables dont il demeure à la Bibliothèque municipale vingt-cinq volumes in-4°, portant les titres : *Collectanea Sylvanectensia* et *Tabularium Sylvanectense*, et comprenant plus de dix-huit mille pages d'une écriture serrée.

(L'abbé Eug. MULLER : *Monographie des rues*, etc.)

Note H

Notices sur le Collège de Navarre :

La reine Jeanne de Navarre, épouse de Philippe-le-Bel, ordonna par son testament (23 mars 1304) la fondation de ce collège, auquel cette princesse destina son hôtel de Navarre et un revenu de 2,000 livres pour l'entretien des écoliers... Le duc d'Anjou, depuis Henri III, le prince de Béarn, qui devint Henri IV, et le duc de Guise, fils du Balafré, furent pensionnaires au Collège de Navarre. Le cardinal d'Ailly, Gerson, Ramus, le cardinal Richelieu, Bossuet, sortirent aussi de cette illustre école.

(L. LAZARE : *Dictionnaire des rues de Paris*, p. 645.)

Le Collège de Navarre était situé rue de la Montagne-Sainte-Geneviève, sur l'emplacement même aujourd'hui occupé par notre grande École polytechnique. Fondé par Jehan de Navarre (1304), il fut agrandi par Louis XI (1464). Le roi en était le premier boursier, et le revenu de sa bourse était affecté à l'achat des verges destinées à la correction des écoliers, comme marque d'affection sans doute : « *Qui bene amat, bene castigat.* »

(CH. DESMAZES : *Université de Paris*, p. 15.)

Henri (IV) fut amené à Paris à l'âge de cinq ans ; et à huit ans il fut mis au collège de Navarre pour y être institué ès bonnes lettres. Il y eut pour compagnons (dit l'historien Pierre Mathieu), le duc d'Anjou qui fut son roi (Henri III), et le duc de Guise qui le voulut être.

(HARDOUIN DE PÉRÉFIXE : *Histoire de Henri-le-Grand*.)

Note J

Au nord de la Marne existe un plateau qui va se rattacher dans l'Oise, à la haute plaine du Valois ; au-dessus de la rive droite de l'Ourcq, ce plateau s'appelle Multien, plus à l'ouest, il s'appelle Goële ; ce sont deux de ces petits pays de l'ancienne France dont les noms, qui se transmettent encore de génération en génération, ont entièrement disparu de la nomenclature officielle, sauf dans certaines désignations de villes et de villages, comme, par exemple, Dammartin-en-Goële, May-en-Multien.

(AD. JOANNE : *Géographie de Seine-et-Marne*, p. 4.)

Note K

La seigneurie de Rozoy, avant 1721, était déjà entre les mains de Claude Gibert, mari de Marguerite Buisson, de Vincy. C'est un des premiers exemples du laboureur devenu seigneur de la terre qu'il cultivait. Cette famille, qui a de nombreuses ramifications, a encore des représentants parmi nous, et sa descendance est établie, à titre de propriétaire, dans l'ancienne terre et seigneurie de Manœuvre.

(L. BENOIST : *Notice sur Vincy*, p. 31.)

Note L

Madame Campan dans ses *Mémoires sur la vie privée de Marie-Antoinette*, raconte ce même fait, mais en le dramatisant et sans nommer personne.

Un homme d'une stature épouvantable et d'une figure atroce, tel qu'on en voyait à la tête de toutes les insurrections, s'approche du Dauphin, que la reine tenait par la main, l'enlève et le prend dans ses bras. La reine fit un cri d'effroi et fut près de s'évanouir. Cet homme lui dit : « N'ayez pas peur, je ne veux pas lui faire de mal. » Et il le lui rendit à l'entrée de la salle.

(Mme CAMPAN : *Mémoires sur la vie privée de Marie-Antoinette, reine de France et de Navarre*, tome III, p. 251.)

Note M

Nous reproduisons ici la rédaction d'une plaque commémorative, placée en l'honneur de Nicolas Tronchon et de Marguerite-Charlotte-Suzanne Prévost, dans l'église de St-Soupplets, comme témoignage de reconnaissance du Conseil Municipal de cette commune :

A LA MÉMOIRE

DE

NICOLAS TRONCHON

CHEVALIER DE LA LÉGION D'HONNEUR
DÉPUTÉ ET MEMBRE DU CONSEIL GÉNÉRAL DE L'OISE

DÉCÉDÉ A SAINT-SOUPPLETS
LE 6 NOVEMBRE 1828

ET DE

DAME MARGUERITE - CHARLOTTE - SUZANNE PRÉVOST

SON ÉPOUSE

DÉCÉDÉE A SAINT-SOUPPLETS
LE 2 OCTOBRE 1822

Tous deux inhumés dans cette paroisse.

Leur bienfaisance fut inépuisable.

———

En 1789, la Ville de Meaux décerna une Médaille d'Or

A

NICOLAS TRONCHON

en reconnaissance des secours en grains qu'il lui avait procuré dans un moment de disette.

———

FONDATEURS DES ÉCOLES COMMUNALES

DE

Saint-Soupplets, Bregy et Puisieux

———

PRIEZ POUR EUX

(Délibération du Conseil Municipal du 3 Août 1838.)

Note N

Note sur Maulny, commune d'Etrepilly (Seine-et-Marne) :

Maulny (*Malus nidus*, mauvais nid), était un fief relevant du collège de Navarre, à cause du fief que ce collège possédait à Vincy. Les seigneurs de Maulny étaient : en 1460, Jean Dumoulin ; en 1512 et 1513, les héritiers Rolland ; en 1532, Nicolas Lesueur, lieutenant général au bailliage de Meaux, puis ses descendants ; en 1630, Guillaume Joisel, et en 1639, Jean Joisel dont un descendant, Pierre Joisel, conseiller au Parlement, le possédait encore en 1726 avec une ferme à Etrépilly ; en 1760, Hannier de Magny, ancien mousquetaire du roi, rendait foi et hommage de Maulny ; en 1769, Maulny appartenait à Roger de Bellou.

Ce fief comprenait maison et dépendances avec 66 à 67 arpents de terre et 15 rézeaux d'avoine à prendre sur plusieurs maisons du dit lieu. Il avait droit de haute, moyenne et basse justice et droit de carcan devant la principale porte de la maison.

La dîme de basse cour de Maulny appartenait par moitié au curé d'Etrépilly et à l'évêque de Meaux.

A Roger de Bellou, succéda Angélique-Catherine Royer de Bellou, décédée en 1809, laissant pour héritière une demoiselle Frigard, qui épousa un des plus glorieux enfants de la ville de Meaux, le général Auguste-Dominique-Romain de Martimprey ; à son décès, Maulny passa à la famille Turquet qui le possède encore.

(L. BENOIST et A. RONCIN : *Notice sur Etrepilly*, p. 14.)

JEHAN PICOU — **HÉLAINE MIGNAN**

DENIS PICOU — épouse — GENEVIÈVE PASQUIER — Auteur des branches de Barcy-Étrepilly, de Barcy-Ouarres et de Dhuisy.
Au moins quatre enfants.

CATHERINE PICOU — épouse — DENIS DÉRANGER

ROSE PICOU — Née à Saint-Soupplets, en 1656; décédée le 23 Avril 1709.

JEHAN PICOU — AGNÈS GAUDET — Lignée incertaine.
Au moins deux enfants.

JACQUES PICOU — épouse — ANNE LIÉNARD — Auteur de la branche de Saint-Soupplets, où les descendants habitent encore.
Onze enfants.

MADELEINE PICOU — Née à Saint-Soupplets, le 16 Septembre 1680.

NICOLE PICOU

FRANÇOIS PICOU

DENIS PICOU — épouse — MARIE PAILLARD — Auteur des branches de Baronnares, de Jumares (La Grange-Grippe), et de Paris.
Quelques enfants.

SÉBASTIEN PICOU

SÉBASTIEN PICOU — Né et décédé à Saint-Soupplets, le 4e Février 1654.

ANTOINE PICOU — épouse — NICOLE-ANGÉLIQUE GIBERT — Sans postérité.

MARGUERITE-SUZANNE PICOU — épouse — LOUIS-ALEXANDRE GIBERT

ANTOINE-THÉOPHILE PICOU — épouse — CLAUDE-VICTOIRE BERNELLARD-BLÉRELLON
LOUIS-ANTONIN GIBERT

AIMÉ-ANTOINETTE PICOU

MARGUERITE-THÉOPHILE PICOU

PIERRE-THÉOPHILE PICOU — épouse — ANTOINETTE-JEANNE BARBIER

HENRI-HONORINE-JULIE PICOU — épouse — FÉLIX THÉOPHILE HUBERT VERLINE

PIERRE-ANTOINE PICOU — épouse — CHARLES VICTOR SAINTE-BEUVE

JEANNE-NICOLE-ADÉLAÏDE PICOU

CHARLES PICOU

JEAN-CHARLES-ANTOINE PICOU

CHARLES PICOU — épouse — MARIE-JEANNE ANTOINE GIBERT

ALEXANDRE PICOU — épouse — MARIE-ALEXANDRE HAUBLIER

MARIE-NICOLE-VICTOIRE PICOU — épouse — PASQUIER AUBRY

ANDRÉ-AGOSTE-NICOLAS DE PICOU

MARIE-FLORE PICOU

MARIE-ÉDITH-FÉLICITÉ PICOU — épouse — GÉRARD DROUHAULT BARTIQ DE CRÉMELLES — Sans postérité.

MARIE-FRANÇOIS-NICOLAS PICOU

NICOLAS-HENRI PICOU — épouse — HENRI SIMÉ-VICTOIRE HANGARD CLAVIER — Sans postérité.

SÉBASTIEN PICOU — épouse — FANNY HINOUHEN

CHARLES PICOU

JEAN PICOU — épouse — MARIE-ANNE MARIN

SÉBASTIEN PICOU — Né le 5 Mai 1881; décédé à Saint-Soupplets le 28 Novembre 1894.

FLEURETTE PICOU — épouse — JENNY MARIN

Tableau **II**.

A

B

PIERRE-ANTOINE PICOU — époux — CHARLOTTE-VICTOIRE SAINTE-BEUVE

VICTOIRE PICOU

THÉOPHILE PICOU

ANTONY PICOU

ROSA PICOU — épouse — PIERRE-HENRI JOURDAIN

ADÈLE PICOU — épouse — JULES-ALEXANDRE MONGHOLLER

ANTOINE-OLIVIER PICOU — épouse — ÉLISE-VICTORINE GARNOT

VICTOR PICOU — épouse — LOUISE-PAULINE DUFOUR

PÂQUES PICOU

PIERRE-EUGÈNE JOURDAIN — épouse — ANNA HERPIN

CHARLES-HENRI JOURDAIN — épouse — MARIE-CLÉMENTINE PINTA

CHARLOTTE-AMÉLIE MONGHOLLER

ALEXANDRE-CHARLES MONGHOLLER

HORTENSE-EUGÉNIE MONGHOLLER

AMÉLIE-ANDRÉE MONGHOLLER — épouse — LÉON-XAVIER BRUNET

LÉONIE-VICTORINE PICOU — épouse — LÉON-XAVIER BRUNET

CHARLOTTE-CLÉMENCE PICOU — épouse — HENRY-SIMON DUPETIT

PAUL-CHARLES PICOU

GUSTAVE-OLIVIER PICOU — épouse — ARMAND-MARIE-LOUISE-MARIENNE BRIOT

CHARLES-AMAND PICOU

LUCY-HENRIETTE PICOU — épouse — NICOLAS BATAILLE

ADÈLE-JULIE PICOU

HORTALD-VICTOR PICOU — épouse — LUCIE-MARIE THÉODULE DUFOUR

LUCIEN PICOU

PHILIPPE-ÉMILE PICOU — épouse — LOUIS-ÉTIENNE BESNUS

EUGÉNIE-HENRIETTE JOURDAIN — épouse — JULES-PHILIPPE-MARIE BERTON

MARIE-ROSE JOURDAIN — épouse — FERDINAND-PAUL VOUZELLE

MAURICE-PIERRE-HENRI BERTON

LÉON BRUNET

JULES BRUNET

ADÈLE-MARIE BRUNET

LÉONIE-MARIE BRUNET

AMÉLIE-ESTELLE-MARIE BRUNET

ALICE-MARIE BRUNET

MARGUERITE-MARIE BRUNET

LUCIEN-ÉMILE BRUNET

LOUISE-MARIE BRUNET

MARGUERITE-PASCALE-MARIE BRUNET

BERTHE DUPETIT

MATHILDE-HENRI DUPETIT

LOUIS-LÉON DUPETIT

ANDRÉE-LOUISE DUPETIT

LOUISE-MARIE PICOU

JOSEPH-PAULINE PICOU

LUDOVINE-LUCY PICOU

GUSTAVE-VICTOR PICOU

CAROLINE BATAILLE

HENRI-EUGÈNE-NICOLAS BATAILLE

SUZANNE-PAULINE-LUCIE PICOU

VICTOR-LUCIEN-EMMANUEL PICOU

HÉLÈNE-EUGÉNIE PICOU

THÉODULE-SUZANNE PICOU

VICTOR-ALBERT-JEAN BESNUS

MARGUERITE-PAULINE-LUCY BESNUS

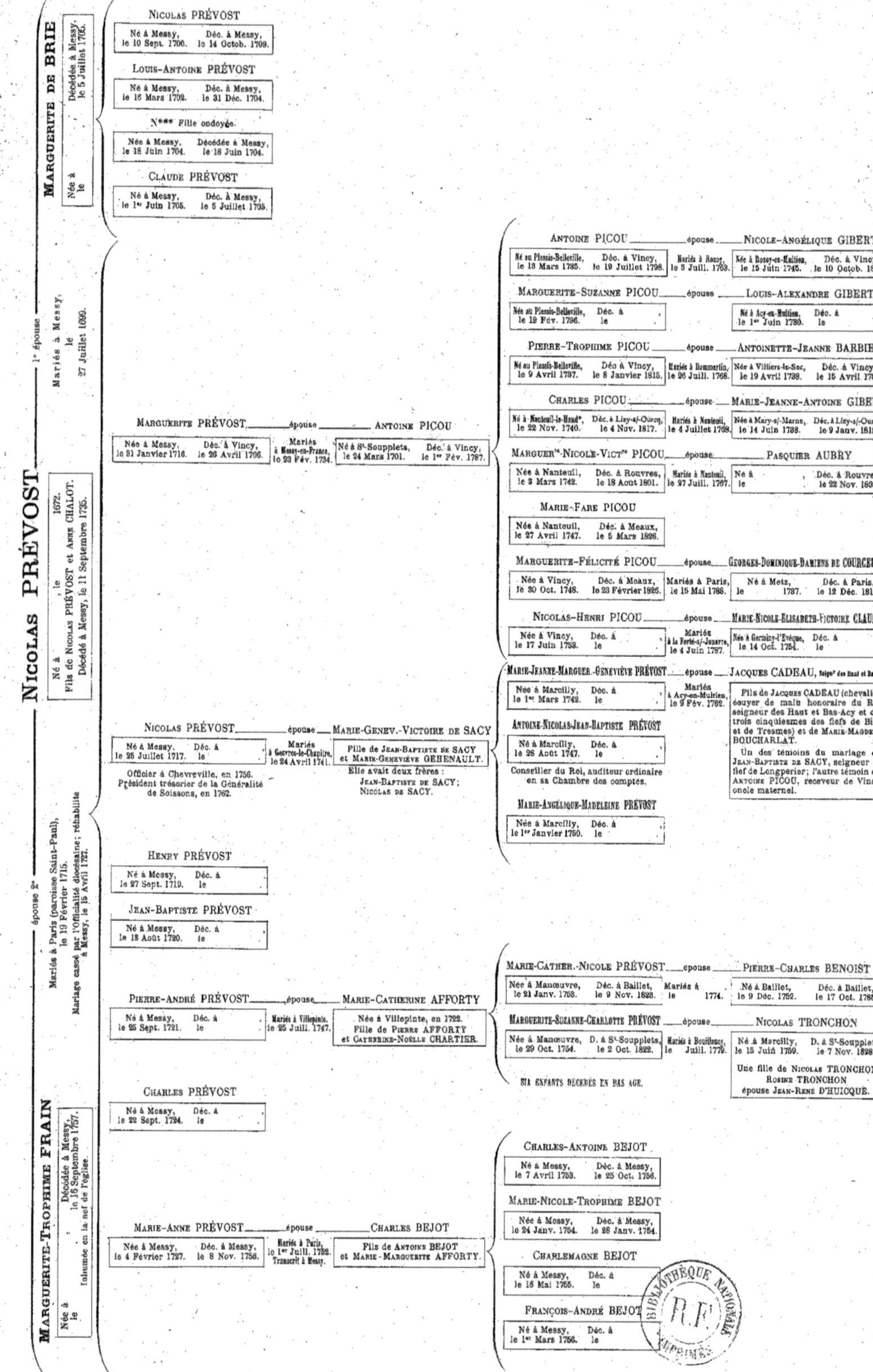

NICOLAS PRÉVOST
Né à , le 1672.
Fils de NICOLAS PRÉVOST et ANNE CHALOT.
Décédé à Messy, le 11 Septembre 1735.

— 1re épouse —

MARGUERITE DE BRIE
Née à , le
Décédée à Messy, le 5 Juillet 1705.

Mariés à Messy, le 27 Juillet 1699.

Enfants de la 1re épouse :

NICOLAS PRÉVOST
Né à Messy, le 10 Sept. 1700. — Déc. à Messy, le 14 Octob. 1709.

LOUIS-ANTOINE PRÉVOST
Né à Messy, le 16 Mars 1702. — Déc. à Messy, le 31 Déc. 1704.

N*** Fille ondoyée.
Née à Messy, le 18 Juin 1704. — Décédée à Messy, le 18 Juin 1704.

CLAUDE PRÉVOST
Né à Messy, le 1er Juin 1705. — Déc. à Messy, le 5 Juillet 1705.

MARGUERITE PRÉVOST
Née à Messy, le 31 Janvier 1716. — Déc. à Vincy, le 26 Avril 1796.
épouse ANTOINE PICOU
Né à St-Soupplets, le 24 Mars 1701. — Déc. à Vincy, le 1er Fév. 1787.
Mariés à Messy-en-France, le 23 Fév. 1734.

Enfants :

ANTOINE PICOU
Né au Plessis-Belleville, le 13 Mars 1735. — Déc. à Vincy, le 19 Juillet 1798.
épouse NICOLE-ANGÉLIQUE GIBERT
Née à Rozoy-en-Multien, le 15 Juin 1745. — Déc. à Vincy, le 10 Octob. 18..
Mariés à Rozoy, le 5 Juill. 1763.

MARGUERITE-SUZANNE PICOU
Née au Plessis-Belleville, le 19 Fév. 1736. — Déc. à
épouse LOUIS-ALEXANDRE GIBERT
Né à Acy-en-Multien, le 1er Juin 1730. — Déc. à le

PIERRE-TROPHIME PICOU
Né au Plessis-Belleville, le 9 Avril 1737. — Déc. à Vincy, le 8 Janvier 1815.
épouse ANTOINETTE-JEANNE BARBIE...
Née à Villiers-le-Sec, le 19 Avril 1738. — Déc. à Vincy, le 15 Avril 178..
Mariés à Dammartin, le 26 Juill. 1768.

CHARLES PICOU
Né à Nanteuil-le-Haud.., le 22 Nov. 1740. — Déc. à Lizy-s/-Ourcq, le 4 Nov. 1817.
épouse MARIE-JEANNE-ANTOINE GIBE...
Née à Mary-s/-Marne, le 14 Juin 1738. — Déc. à Lizy-s/-Our.., le 9 Janv. 1818.
Mariés à Nanteuil, le 4 Juillet 1768.

MARGUER.te-NICOLE-VICT.re PICOU
Née à Nanteuil, le 3 Mars 1742. — Déc. à Rouvres, le 18 Août 1801.
épouse PASQUIER AUBRY
Né à , le — Déc. à Rouvres, le 22 Nov. 1808.
Mariés à Nanteuil, le 27 Juill. 1767.

MARIE-FARE PICOU
Née à Nanteuil, le 27 Avril 1747. — Déc. à Meaux, le 5 Mars 1826.

MARGUERITE-FÉLICITÉ PICOU
Née à Vincy, le 30 Oct. 1748. — Déc. à Meaux, le 23 Février 1826.
épouse GEORGES-DOMINIQUE-DAMIENS DE COURCEL..
Né à Metz, le 1787. — Déc. à Paris, le 12 Déc. 1816.
Mariés à Paris, le 15 Mai 1786.

NICOLAS-HENRI PICOU
Née à Vincy, le 17 Juin 1753. — Déc. à
épouse MARIE-NICOLE-ELISABETH-VICTOIRE CLAUD...
Née à Germiny-l'Évêque, le 14 Oct. 1754. — Déc. à le
Mariés à la Ferté-s/-Jouarre, le 4 Juin 1787.

MARIE-JEANNE-MARGUER.-GENEVIÈVE PRÉVOST
Née à Marcilly, le 1er Mars 1742. — Déc. à le
épouse JACQUES CADEAU, Seign.r des Haut et Bas...
Mariés à Acy-en-Multien, le 9 Fév. 1762.

Fils de JACQUES CADEAU (chevalie.. écuyer de main honoraire du Ro.. seigneur des Haut et Bas-Acy et d.. trois cinquièmes des fiefs de Bi.. et de Tresmes) et de MARIE-MAGDEL.. BOUCHARLAT.
Un des témoins du mariage e.. JEAN-BAPTISTE DE SACY, seigneur d.. fief de Longperier; l'autre témoin d.. ANTOINE PICOU, receveur de Vinc.. oncle maternel.

ANTOINE-NICOLAS-JEAN-BAPTISTE PRÉVOST
Né à Marcilly, le 28 Août 1747. — Déc. à le
Conseiller du Roi, auditeur ordinaire en sa Chambre des comptes.

MARIE-ANGÉLIQUE-MADELEINE PRÉVOST
Née à Marcilly, le 1er Janvier 1750. — Déc. à le

NICOLAS PRÉVOST
Né à Messy, le 25 Juillet 1717. — Déc. à le
épouse MARIE-GENEV.-VICTOIRE DE SACY
Fille de JEAN-BAPTISTE DE SACY et MARIE-GENEVIÈVE GÉHENAULT.
Elle avait deux frères : JEAN-BAPTISTE DE SACY; NICOLAS DE SACY.
Mariés à Gesvres-le-Chapitre, le 24 Avril 1741.
Officier à Chevreville, en 1756.
Président trésorier de la Généralité de Soissons, en 1762.

HENRY PRÉVOST
Né à Messy, le 27 Sept. 1719. — Déc. à le

JEAN-BAPTISTE PRÉVOST
Né à Messy, le 18 Août 1720. — Déc. à le

— épouse 2e —

MARGUERITE-TROPHIME FRAIN
Née à , le
Décédée à Messy, le 16 Septembre 1757.
Inhumée en la nef de l'église.

Mariés à Paris (paroisse Saint-Paul), le 19 Février 1715.
Mariage cassé par l'officialité diocésaine; réhabilité à Messy, le 15 Avril 1727.

Enfants de la 2e épouse :

PIERRE-ANDRÉ PRÉVOST
Né à Messy, le 25 Sept. 1721. — Déc. à le
épouse MARIE-CATHERINE AFFORTY
Née à Villepinte, en 1722.
Fille de PIERRE AFFORTY et CATHERINE-NOËLLE CHARTIER.
Mariés à Villepinte, le 25 Juill. 1747.

Enfants :

MARIE-CATHER.-NICOLE PRÉVOST
Née à Manœuvre, le 21 Janv. 1758. — Déc. à Baillet, le 9 Nov. 1828.
épouse PIERRE-CHARLES BENOIST
Né à Baillet, le 9 Déc. 1752. — Déc. à Baillet, le 17 Oct. 1785.
Mariés à le 1774.

MARGUERITE-SUZANNE-CHARLOTTE PRÉVOST
Née à Manœuvre, le 29 Oct. 1754. — D. à St-Soupplets, le 2 Oct. 1822.
épouse NICOLAS TRONCHON
Né à Marcilly, le 15 Juin 1759. — D. à St-Soupplets, le 7 Nov. 1828.
Mariés à Bouillancy, le Juill. 1779.
Une fille de NICOLAS TRONCHON ROSINE TRONCHON épouse JEAN-RENÉ D'HUICQUÉ.

SIX ENFANTS DÉCÉDÉS EN BAS AGE.

CHARLES PRÉVOST
Né à Messy, le 22 Sept. 1724. — Déc. à le

MARIE-ANNE PRÉVOST
Née à Messy, le 4 Février 1727. — Déc. à Messy, le 8 Nov. 1756.
épouse CHARLES BEJOT
Fils de ANTOINE BEJOT et MARIE-MARGUERITE AFFORTY.
Mariés à Paris, le 1er Juill. 1752. Transcrit à Messy.

Enfants :

CHARLES-ANTOINE BEJOT
Né à Messy, le 7 Avril 1753. — Déc. à Messy, le 25 Oct. 1756.

MARIE-NICOLE-TROPHIME BEJOT
Née à Messy, le 24 Janv. 1754. — Déc. à Messy, le 28 Janv. 1754.

CHARLEMAGNE BEJOT
Né à Messy, le 16 Mai 1755. — Déc. à le

FRANÇOIS-ANDRÉ BEJOT
Né à Messy, le 1er Mars 1756. — Déc. à le